Armin Harbrecht

Social Entrepreneurship – Gewinn ist Mittel, nicht Zweck

Eine Untersuchung über Entstehung, Erscheinungsweisen
und Umsetzung

Schriften des
Interfakultativen Instituts für Entrepreneurship (IEP)
des Karlsruher Instituts für Technologie
Band 19

Social Entrepreneurship – Gewinn ist Mittel, nicht Zweck

Eine Untersuchung über Entstehung, Erscheinungsweisen und Umsetzung

von
Armin Harbrecht

Mit einem Vorwort von
Ludwig Paul Häußner

Impressum

Karlsruher Institut für Technologie (KIT)
KIT Scientific Publishing
Straße am Forum 2
D-76131 Karlsruhe
www.uvka.de

KIT – Universität des Landes Baden-Württemberg und nationales
Forschungszentrum in der Helmholtz-Gemeinschaft

KIT Scientific Publishing 2010
Print on Demand

ISSN: 1614-9076
ISBN: 978-3-86644-283-2

Inhaltsverzeichnis

Vorwort

Die Arbeit des IEP steht unter dem Motto: Unternimm dich selbst – unternimm für andere – unternimm die Zukunft.[1]

Damit soll einerseits ein möglichst weiter Lehr- und Forschungshorizont aufgespannt werden und andererseits den Studierenden die Möglichkeit gegeben werden, an der Gestalt des IEP mitzuwirken.

Wir versuchen die Reflexion anzuregen und neue Aspekte über die Wirtschaft und über die Grundlagen von Entrepreneurship zu eröffnen, und wir muten den Studierenden die Pflicht und die Freiheit zur Selbstgestaltung ihres Studiums zu.

Die vorliegende Publikation ist aus reinem Interesse des Autors als Frucht einer Diplomarbeit entstanden.

Tatsächlich ist der Begriff *Social Entrepreneurship* gerade im deutschsprachigen Raum klärungs- und erklärungsbedürftig. Im Unterschied zu den angelsächsischen Ländern übernehmen in Deutschland Staat und Kirchen gemeinwirtschaftliche Aufgaben, die dort von Social Entrepreneurs ergriffen werden. Gerade in den so genannten Entwicklungsländern gibt es viele Bedürfnisse und Problemlagen für unternehmerische Wahrnehmung und Unternehmergeist, wie zum Beispiel die 2001 in Singapur vom Unternehmer Jack Sim gegründete Welt Toiletten Organisation (s. http://www.worldtoilet.org/index.asp).

Der unternehmende Mensch wie auch der untersuchende Mensch sind letztlich nicht voneinander zu trennen; sie sind praktisch wie die zwei Seiten einer Medaille: der ganze, aus durch Wahrnehmen und Denken gewonnener Erkenntnis handelnde Mensch im Hinblick auf die Notwendigkeiten der Gesellschaft. Dabei ist Unternehmertum – ganz allgemein – im soziokulturellen, geschichtlich-räumlichen wie auch politisch-rechtlichen Kontext zu leben und zu gestalten, um sinnvoll tätig und sozial wirksam werden zu können.

Für Entrepreneurship als relativ jungen Zweig der Wirtschafts- und Sozialwissenschaften ist es von großem Interesse, noch unerforschtes Terrain zu betreten und gleichzeitig Handlungsorientierung anzustreben.

Mit dieser Publikation soll *Social Entrepreneurship* nicht nur wissenschaftlich verortet werden, um damit noch bestehende Lücken in der deutschsprachigen Entrepreneurship-Literatur zu verkleinern, sondern sie soll auch potenziellen

---

[1] Vgl. WERNER, G. W. (2004b) Wirtschaft – das Füreinander-Leisten. S. 16 ff.

Social Entrepreneurs eine Orientierungshilfe für die Gründung und Gestaltung ihres *Social Business Enterprise* sein.

Wie sagte doch der Schweizer Unternehmer Gottlieb Duttweiler (1888 – 1962)?

> *„Wir haben herausgefunden, dass es eine viel heiklere Aufgabe ist, Geld zu verschenken, als Geld zu verdienen."*

Dr. Ludwig Paul Häußner

Abbildungsverzeichnis

Tabellenverzeichnis

Abkürzungsverzeichnis

AIDS	Acquired Immune Deficiency Syndrome
AO	Abgabenordnung
bzw.	beziehungsweise
CSR	Corporate Social Responsibility
EFTA	European Fair Trade Association
EStG	Einkommensteuergesetz
e.V.	eingetragener Verein
FLO	Fairtrade Labelling Organizations
FPs	For-Profits
e.g.	exempli gratia (zum Beispiel)
eG	eingetragene Genossenschaft
GG	Grundgesetz
GmbH	Gesellschaft mit beschränkter Haftung
Govs	Governments
GPs	government-run institutions
HIV	Human Immunodeficiency Virus
IO	International Organization
KStG	Körperschaftssteuergesetz
LLC	Limited liability company
NGO	Non-Governmental Organization
NPO	Non-Profit-Organisation
NPs	Non-Profits
S.	Seite
SD	Sustainable Development
SE	Social Entrepreneur
SEWA	Self Employed Women's Association
SWOT	Strengths, Weaknesses, Opportunities and Threats
u.	und
u.a.	und andere
UN	United Nations
US	United States
USAID	United States Agency for International Development
vgl.	vergleiche
WWF	World Wildlife Fund
z.B.	zum Beispiel

Zusammenfassung

Social Entrepreneurship ist ein Phänomen, das über die englischsprachige Literatur in den letzten Jahren auch in der deutschsprachigen Forschung Anklang gefunden hat. Trotz einer Vielzahl an aktuellen Publikationen zu dem Thema gibt es aber keine einheitliche Definition. Darüber hinaus ist die Abgrenzung, was den Typus des Social Entrepreneurs vom Entrepreneur unterscheidet, nicht klar. Es wird gezeigt, dass die Entstehung von Social Entrepreneurship in der Motivation des Unternehmers begründet liegt. Wird die Intention unternehmerisch tätig zu werden von überwiegend egoistischen Bedürfnissen ausgelöst, so wird er diese über eine Gewinnorientierung zu befriedigen suchen. Der Unternehmer wird dafür funktional altruistisch tätig, das heißt er leistet zwar für andere, dies aber nur, weil er so seine persönlichen Ziele erreicht. Liegen aber schon seiner Motivation altruistische Bedürfnisse zu Grunde, so bedingen diese einen moralischen Altruismus, der sich auf sein Handeln und dessen Ergebnisse niederschlägt.

Trotz der Klärung der Motivation von Social Entrepreneurs gibt es unterschiedliche Ansichten über die Mittel, die sie einsetzen sollen und die Ziele, die sie damit erreichen können. Als Beschreibung eignete es sich, Gewinn als Mittel zur Erreichung von Zielen, die der Gesellschaft nutzen, herauszustellen. Dabei ist Bedingung, dass diese Ziele schon allein durch die wirtschaftliche Tätigkeit des Unternehmers erreicht werden. Dies führt zur Abgrenzung des Konzepts in zweierlei Hinsicht. Zuerst hinsichtlich Unternehmern, die mit erwirtschafteten Gewinnen soziale Zwecke fördern, wobei aber kein kausaler Zusammenhang zwischen der wirtschaftlichen Tätigkeit und den Zwecken besteht. Zweitens hinsichtlich Institutionen, die zwar soziale Zwecke fördern, dies aber nicht oder nur in geringem Maße über unternehmerische Tätigkeiten mit Erwerbscharakter finanzieren.

Beispiele für Social Entrepreneurship finden sich im Ausland, aber auch in Deutschland. Darüber hinaus konnten in der Genossenschaftsbewegung Vorbilder für diese Art des Wirtschaftens gefunden werden. Die gewonnenen Erkenntnisse über Social Entrepreneurship werden anhand von Beispielen konkretisiert und greifbar gemacht. Als eines der Paradebeispiele dient die Idee der Mikrokredite, für deren Verbreitung Muhammad Yunus mit dem Friedensnobelpreis ausgezeichnet wurde. Anhand von Andreas Heinecke, der mit *Dialog im Dunkeln* zugleich Arbeitsplätze für Blinde und eine Plattform für Austausch und gegenseitigen Respekt geschaffen hat, sieht man, dass Social Entrepreneurship auch in Deutschland erfolgreich praktiziert werden kann.

Diese Vorbilder können einerseits Menschen für die Idee begeistern, wirken aber andererseits oft unerreichbar. Deshalb werden konkrete Hilfestellungen für die Realisierung von sozialen Geschäftsideen gegeben. Dabei wird das Standardformat des Businessplans aufgegriffen und mit dem Konzept der *sieben Prozesse*, das sich am menschlichen Organismus anlehnt, erweitert. Auf diese Weise entsteht ein ganzheitlicher Businessplan für Social Entrepreneurs. Dieser beachtet sowohl das dynamische Zusammenspiel einzelner Bereiche, als auch die besonderen Herausforderungen von sozial orientierten Unternehmensgründungen.

Ein Ausblick auf die weiteren Perspektiven bildet den Abschluss der Arbeit. Diese sind durch ein mehrdimensionales Menschenbild geprägt und gehen über die jetzigen Konzepte von Social Entrepreneurship hinaus.

1 Warum die Betrachtung von Social Entrepreneurship?

Wer will, findet Wege. Wer nicht will, findet Gründe.

(Götz W. Werner)

Zu Beginn möchte ich meine persönliche Motivation beschreiben, warum ich dieses Thema gewählt habe und mich nun schon seit mehr als einem Jahr damit beschäftige. Um den Einstieg in den Hauptteil zu erleichtern, werden in diesem Kapitel außerdem der Aufbau und das Ziel beschrieben.

1.1   Was ist die Motivation?

Während einer dreiwöchigen Studienreise nach Südafrika mit dem *Union Graduate College* bin ich das erste Mal bewusst auf den Begriff *Social Entrepreneurship* gestoßen. Die Reise bildete den Abschluss meines Studiums zum Master of Business Administration, das ich im akademischen Jahr 2005/2006 im Rahmen eines Austauschprogramms im US-Bundesstaat New York absolviert habe. Die Gruppe, mit der ich nach Südafrika reiste, bestand aus Professor Presha Neidermeyer, einer Professorin für Rechnungswesen, zwei Berufstätigen, einem Pfarrer mit südafrikanischen Wurzeln und seinem Sohn sowie vier Studenten. Ziel unseres Aufenthaltes war es, den *Einfluss von HIV/AIDS auf die Wirtschaft von Südafrika* zu untersuchen. Während der Reise stellten wir uns aber immer öfter die umgekehrte Frage, nämlich die nach dem *Einfluss der Wirtschaft auf die HIV/AIDS-Krise in Südafrika.* Wie kam es dazu?

Erste Station unserer Reise war Johannesburg. Dort trafen wir, durch Vermittlung des mitgereisten Pfarrers, auf eine Runde von Geschäftsleuten. Diese Menschen waren sich der Bedrohung von HIV/AIDS für die gesamte südafrikanische Gesellschaft bewusst, sahen aber keinen direkten Einfluss auf ihre Geschäfte. Aus der Gruppe stach ein junger Unternehmer hervor. Er hat eine Verkaufsorganisation aufgebaut, die auf traditionelle Weise hergestellte Handarbeiten, wie zum Beispiel Möbel und Kunstwerke, nach Europa und USA vertreibt. Dadurch ermöglicht er den Familien in den Dörfern ein geregeltes Einkommen, ohne dass sie in die Slums am Rande der Stadt oder zu den Minen in der Mitte des Landes ziehen müssen.

Ein anderes Ziel in Johannesburg war die Siedlung Cosmo City (siehe Abbildung 1). Diese neue Siedlung wurde mit staatlichen Geldern errichtet, um den Menschen eine Alternative zu den Wellblechhütten-Slums zu bieten. Die erstaunliche Nachricht war jedoch, dass trotz kostenloser Bereitstellung der Häuser und bestehender Strom- und Wasser-Infrastruktur noch niemand dorthin umsiedeln wollte. Auf Nachfragen erfuhren wir mögliche Gründe dafür. Es gab in der Nähe der Siedlung keinerlei Unternehmen oder sonstige wirtschaftliche Grundlage für die Menschen, um ihren Lebensunterhalt zu bestreiten. Öffentliche Verkehrsmittel, mit denen man in die Stadt fahren könnte, sind überdies in ganz Johannesburg nicht vorhanden. Die Menschen blieben lieber in ihren angestammten Wellblechhütten, die sie neben Müllhalden oder ähnlichen Gegebenheiten für die Suche nach Essbarem und Wertvollem gebaut haben. Der gut gemeinte Plan der Regierung ist an der Missachtung wirtschaftlicher Aspekte gescheitert.

Abbildung 1: Cosmo City, Südafrika (eigenes Foto)

Unsere nächste Station war Masoyi. Eine Region östlich von Johannesburg, in der Nähe des Krüger Nationalparks. Dort besichtigten wir ein auf HIV-Infizierte spezialisiertes Krankenhaus sowie ein Ausbildungszentrum für Entwicklungshelfer. Neben dem Ausbildungszentrum befand sich eine Baustelle zur Erweiterung des Zentrums. Für den Bau wurde eine Maschine angeschafft, die aus Sand und Wasser ohne Zugabe weiterer Materialien Ziegelsteine fertigen kann (siehe Abbildung 2). Diese Maschine wird ungefähr fünf Stunden pro Woche genutzt, um die für den Bau notwendigen Ziegelsteine zu fertigen. Ein Student aus unserer Gruppe fragte nach, ob man die Maschine nicht länger laufen lassen könnte, um die produzierten Steine in der Nachbarschaft zu verkaufen. Wir bekamen zur Antwort, dass es zwar möglich wäre, aber nicht gemacht wird, da es nicht dem eigentlichen Zweck, der Ausbildung von Helfern, dient. Für unsere Gruppe war es unverständlich, dass eine Organisation, die auf Spenden angewiesen ist, eine solche Finanzierungsmöglichkeit für ihre Aktivitäten ungenutzt lässt.

Abbildung 2: Ziegelsteinhaufen, Masoyi, Südafrika (eigenes Foto)

Zum Ende unserer Reise flogen wir nach Kapstadt. Auch dort besichtigten wir verschiedene Hilfsprojekte für HIV/AIDS-Betroffene und Waisenkinder. Außerdem trafen wir Dave Toms, einen Mann mit jahrelanger Erfahrung in der Entwicklungszusammenarbeit im südlichen Afrika. Er stellte uns seine Projekte vor. Seine Art der Hilfe erschien am effektivsten von allen bisher gesehenen Projekten und beeindruckte die Gruppe am meisten. Doch was unterscheidet seine Projekte von denen der anderen? Er verbindet Unternehmertum mit der Hilfe zur Selbsthilfe. Dabei arbeitet er mit Bauern in Ländern wie Malawi zusammen und unterstützt sie zum einen durch grundlegende Ausrüstung wie eine Wasserpumpe. Diese erlaubt es den Bauern ihr Land statt einmal pro Jahr dreimal pro Jahr zu bewirtschaften. Zum anderen versorgt er sie mit Know-how zum Anlegen eines Bewässerungssystems (siehe Abbildung 3). Im Gegenzug ist er an den Einkünften aus dem Farmbetrieb beteiligt, so dass er wiederum andere Bauern unterstützen kann, ohne auf Spenden oder staatliche Beihilfen angewiesen zu sein.

Abbildung 3: Dave Toms mit Bauern in Malawi (Foto von Dave Toms)

Über die Frage, wie man mit wirtschaftlichen Mitteln Einfluss auf die HIV/AIDS Krise im Speziellen und die Armut im Allgemeinen nehmen kann, kamen wir auf das Konzept von Social Entrepreneurship. Der Gedanke, ein sinnvolles Ziel durch eine wirtschaftlich nachhaltige Unternehmung zu erreichen, faszinierte mich so sehr, dass ich mehr darüber erfahren wollte. Als eine Möglichkeit, wie man von den USA aus Projekte in Südafrika unterstützen könnte, schlug Professor Neidermeyer vor, einen Fonds aufzubauen, um Geld zu sammeln, das man als *Mikrokredite* in Südafrika zur Entwicklung von kleinen unternehmerischen Tätigkeiten verteilen könnte. Mikrokredite sind kleine Kredite, die ohne formelle Sicherheiten an arme Menschen vergeben werden. Sie können als Musterbeispiele für Social Entrepreneurship aufgefasst werden, da die Mikrokredit-Institution, die die Kredite vergibt, in der Regel zwei Ziele hat. Einerseits möglichst viele Menschen mit den Krediten zu erreichen, damit diese sich eine wirtschaftliche Existenz aufbauen können, andererseits das Ziel, dass sich die Mikrofinanz-Institution durch ihr Geschäftsmodell selbst trägt. Einer der maßgeblichen Entwickler und Promotoren der Mikrokredit Idee ist Muhammad

Yunus. Der Wirtschaftsprofessor aus Bangladesch hat im selben Jahr, kurz nach meinem Südafrika-Aufenthalt, den Friedensnobelpreis für seine Idee der Mikrokredite und den Aufbau der Grameen Bank erhalten. Im Juni 2007 kam Muhammad Yunus zu einem Vortrag an die Universität Karlsruhe (TH), so dass ich einen der einflussreichsten Social Entrepreneurs unserer Zeit persönlich erleben konnte.

Warum aber interessiere ich mich persönlich für das Thema? Schon lange hege ich den Wunsch, nach dem Studium ein eigenes Unternehmen zu gründen und aufzubauen. Im dritten Semester habe ich die HOLZundEISEN GbR, ein kleines Unternehmen, das Ausrüstung für den Funsport Crossgolf vertreibt, gegründet. Im Jahr 2007 schließlich entwickelte ich zusammen mit vier anderen Kommilitonen einen Businessplan für gloveler.com, einem Vermittlungssystem für Privatunterkünfte. Diese Idee wollen wir nun nach Ende des Studiums realisieren. Bedingt durch meine Beschäftigung mit Social Entrepreneurship stellt sich für mich die Frage, ob es nicht vielleicht möglich wäre, das Unternehmen so aufzubauen, dass nicht nur die fünf Gründer davon profitieren, sondern dass wir damit eine nachhaltig positive Wirkung auf einen größeren Personenkreis erzielen. Zum Beispiel, indem wir Tourismus nutzen, um Menschen in Entwicklungsländern und entwickelten Ländern in Kontakt zu bringen.

Normalerweise erfährt man von Social Entrepreneurs erst dann, wenn diese schon erfolgreich sind und ihre Leistung unerreichbar erscheint. Ich will eine Brücke zu den Anfängen schlagen und Vorschläge zur Umsetzung einer sozial orientierten Geschäftsidee präsentieren.

1.2 Was sind Ziel und Vorgehen?

Ziel ist es, generell den Gedanken des *Social Entrepreneurships* vorzustellen sowie zum Verständnis und zur weiteren Verbreitung im deutschsprachigen Raum beizutragen. Außerdem sollen konkrete Beispiele und Hinweise gegeben werden, um den Start einer Betätigung im Bereich des Social Entrepreneurships zu erleichtern.

Im Rahmen der Recherche zu dieser Arbeit hatte ich dabei die Möglichkeit, am Indian Institute of Management in Ahmedabad im indischen Bundesstaat Gujarat mit Professoren zu sprechen, die sich schon länger mit Social Entrepreneurship auseinandersetzen. Durch eine ausführliche Literaturrecherche konnte ich verschiedene Sichtweisen auf Entrepreneurship im Allgemeinen und Social Entrepreneurship im Speziellen kennenlernen. Außerdem habe ich die

Geschäftsideen von verschiedenen Social Entrepreneurs untersucht und mir teilweise, durch persönliche Gespräche, ein Bild aus erster Hand machen können. Schließlich konnte ich meine Eindrücke in regelmäßigen Dialogen mit meinem Betreuer, Herrn Häußner, dem ich für die fruchtbaren Gespräche an dieser Stelle herzlich danken will, reflektieren und das letztendliche Ergebnis formen.

Der Aufbau dieser Arbeit folgt fünf Fragen. Zuerst die Frage nach dem *Woher*. In diesem Kapitel wird beschrieben, was die Grundlagen für Social Entrepreneurship sind. Dabei wird besonders die Einordnung in Entrepreneurship im Allgemeinen betrachtet. Außerdem werden Bedürfnistheorien vorgestellt, die die Grundlage sowohl für die Funktion von Entrepreneurship als auch für die Motivation des Entrepreneurs bilden. Als Nächstes wird die Frage nach dem *Was* gestellt. Dabei wird erläutert, was alles unter Social Entrepreneurship verstanden wird und wie man es von anderen Bereichen abgrenzen kann. Nach diesen eher theoretischen Betrachtungen soll durch die Frage nach dem *Wo* herausgefunden werden, wo Social Entrepreneurship stattfindet. Dies geschieht anhand von Beispielen aus dem In- und Ausland. Nachdem auf diese Weise auf theoretischer und praktischer Ebene ein gemeinsames Verständnis von Social Entrepreneurship geschaffen wurde, soll durch die Frage *Wie* geklärt werden, wie man das Gelernte umsetzen kann. Dabei wird zur ganzheitlichen Betrachtung des Unternehmens das Konzept der sieben Prozesse von Götz W. Werner aufgegriffen, um einen Businessplan für Social Entrepreneurs zu formulieren. Den Schluss bildet die Frage nach dem *Wohin*. Dort werden Perspektiven für die weitere Entwicklung von Social Entrepreneurship aufgezeigt.

2 Woher kommen die Grundlagen für Social Entrepreneurship?

Es genügt nicht zu wollen, man muss auch tun.

(Johann Wolfgang von Goethe)

Eine sinnvolle Herangehensweise an das Thema Social Entrepreneurship ist die Betrachtung der Grundlagen des übergeordneten Begriffs Entrepreneurship. Bevor die Einengung von Entrepreneurship durch das Adjektiv *social* betrachtet wird, soll ein Verständnis für den grundlegenden Begriff entwickelt werden. Wie man in den nächsten Abschnitten sehen kann, ist dessen Bedeutung nicht eindeutig. Besonderes Augenmerk wird überdies auf das Subjekt von Entrepreneurship, den Entrepreneur, gelegt. Darüber hinaus wird in diesem Kapitel untersucht, welche Auswirkungen Bedürfnisse oder Motivation auf das Verhalten von Entrepreneuren haben.

2.1 Wie lässt sich der Begriff allgemein in Entrepreneurship einordnen?

Nach WINS (2004) stammt der Begriff Entrepreneurship ursprünglich aus dem Französischen. Im Mittelalter wurden dort als Entrepreneure Vermittler oder Zwischenhändler, unter anderem in kriegerischen Angelegenheiten, bezeichnet. Seitdem hat sich der Begriff mit verschiedenen Bedeutungsschwerpunkten weiterentwickelt. So definierte Cantillon den Entrepreneur 1725 als wirtschaftende Person, die Risiken trägt. Damit wollte er ihn vom Kapitalisten, dem Geldverleiher, abgrenzen. Der Kapitalist stellt dem Entrepreneur das benötigte Kapital zur Verfügung, damit dieser es mit den anderen Produktionsfaktoren neu kombiniert, um einen eigenständigen Wert zu schaffen. In Abschnitt 2.2 wird anhand der Definitionen dreier bekannter Autoren weiter auf die Bedeutung und Entwicklung des Begriffs Entrepreneurship eingegangen.

Entrepreneurship wird im Deutschen zumeist mit Unternehmertum oder Unternehmergeist übersetzt. Analog dazu wird meist der *Unternehmer* mit dem *Entrepreneur* gleichgesetzt (vgl. WINS, 2004). Der Unternehmer oder Entrepreneur ist aber nicht auf ein Unternehmen im rechtlichen Sinne beschränkt, sondern Entrepreneurship soll in einem weiteren Umfeld gesehen werden, als „der unternehmerische Mut zur Übernahme von Verantwortung" (WÜRTH, 1999, S. 12).

Zur Unterscheidung einzelner Teilbereiche und Aspekte von Entrepreneurship wurden und werden immer wieder neue Namen kreiert und definiert.

Dabei ist eine beliebte Art, Entrepreneurship einzugrenzen, ein einschränkendes, beschreibendes Wort voranzustellen. So beschäftigt sich zum Beispiel *Educational Entrepreneurship* nach MAIBAUER (2006) mit den Möglichkeiten des Entrepreneurships für die pädagogische Aufgabe von Schulen. Der Educational Entrepreneur nimmt dabei Vorstellungen und Interessen zu Bildungsergebnissen auf und wandelt diese in Bildungsziele um, die er mit geeigneten Maßnahmen und Methoden erfüllt. Des Weiteren findet er unternehmerische Möglichkeiten im Bildungssektor und setzt diese innovativ um. *Bio-Entrepreneurship* und *E-Entrepreneurship* wiederum sind branchenspezifische Konzepte für die Biotechnologie und Informationstechnologie Branche. Aber auch außerhalb des klassischen Wirtschaftslebens finden Entrepreneurship Konzepte Anklang, beispielsweise im *Cultural Entrepreneurship*.

Diese Arbeit wird sich auf eine andere Konkretisierung des Entrepreneurship Begriffs konzentrieren, die des *Social Entrepreneurships*. Bevor nun aber in Abschnitt 3.1 eine ausführliche Begriffsabgrenzung von Social Entrepreneurship gegeben wird, soll zuerst die Herkunft und Entwicklung von Entrepreneurship erklärt werden.

2.2 Was bedeutet Entrepreneurship?

Die nächsten Abschnitte geben einen kurzen Überblick über historische Definitionen von Entrepreneurship, bevor diese mit der modernen Sicht zusammengeführt werden.

2.2.1 Wie hat sich der Begriff über die Zeit entwickelt?

Im Laufe der Zeit, wurde Entrepreneurship unterschiedlich definiert und mit verschiedenen Eigenschaften assoziiert. Nimmt man alle Definitionen zusammen, bildet sich so ein mehrdimensionales Bild des Entrepreneurs als tätiges Subjekt im wirtschaftlichen Umfeld heraus. Unter den vielen Definitionen und Abhandlungen zu Entrepreneurship werden im Folgenden drei herausgenommen und vorgestellt.

Wie sieht Brentano den Unternehmer?

Schon im Jahr 1907 hat Lujo BRENTANO (1907), ein deutscher Nationalökonom und Neffe des bekannten Romantik-Schriftstellers Clemens Brentano, in einem Vortrag in Berlin den Unternehmer beschrieben. Dabei stellt er fest, dass folgende drei Dinge erforderlich sind, um jemanden als Unternehmer betrachten zu können:

- Er hat das Verfügungsrecht über die Produktionsmittel.
- Er gibt Produktionselementen die Bestimmung, einem Produktionszweck zu dienen.
- Er tut dies auf eigene Rechnung und Gefahr.

Mit dem ersten Punkt, dem Verfügungsrecht über die Produktionsmittel, zielt er in zwei Richtungen. Zum einen stellt er damit fest, dass der Unternehmer nicht selbst Eigentümer der Produktionsmittel Natur, Kapital und Arbeit sein muss, er muss nur darüber bestimmen können. Zum anderen grenzt er so den Unternehmer vom „Direktor einer Aktiengesellschaft" (BRENTANO, 1907, S. 17) ab. Dieser angestellte Manager ist selbst eines der Produktionselemente und kann damit kein Unternehmer sein. Der Unternehmer verknüpft also alle nötigen Mittel, ohne dass sie ihm gehören müssen und ohne dass er in der Unternehmung tatsächlich tätig sein muss.

Der zweite Punkt fordert, dass die Produktionselemente einem bestimmten Produktionszweck gewidmet werden. Damit zielt Brentano auf die Funktion des Unternehmers ab: „Er sucht die Bedürfnisse vorauszuahnen; er wählt die Produktionselemente, die getrennt oder verbunden werden müssen, damit sie Befriedigung finden" (BRENTANO, 1907, S. 15). Die Funktion des Unternehmers ist die Befriedigung der Bedürfnisse der Menschen. Darüber hinaus erklärt Brentano, dass die Produktion nicht das Schaffen von neuen Stoffen bedeutet. Stattdessen wandelt Produktion vorhandene Stoffe um und macht sie brauchbar, um menschliche Bedürfnisse zu befriedigen. Er argumentiert, dass es ein tatsächliches Schaffen von neuen Stoffen nicht gibt, da alles auf irgendeine Weise schon vorhanden ist. Unternehmer sind nicht nur Fabrikanten, die im klassischen Sinne produzieren, sondern auch Gewerbetreibende, die als Händler Produkte unter vielen Menschen verbreiten und so den Zweck, die Befriedigung der Bedürfnisse, auch erfüllen.

Schließlich fordert Brentano noch vom Unternehmer, dass er in seiner Tätigkeit „für eigene Rechnung und Gefahr" (BRENTANO, 1907, S. 16) handelt. Er trägt einerseits das Risiko seines Handelns, darf aber andererseits auch über seine Gewinne verfügen. Dabei macht Brentano eine feine Unterscheidung. So bestätigt er, dass ein Unternehmer Gewinn erzielen muss, aber schränkt ein, dass nicht jede Art und Weise dies zu tun gerechtfertigt ist. Er führt als Beispiel an, dass ein Bauer nicht einen Teil seiner Ernte verbrennen darf mit dem Ziel, einen höheren Gewinn mit dem dann knapperen Rest zu erzielen. Wenn er dadurch die Bedürfnisse absichtlich nur ungenügend befriedigt, handelt er nicht als Unternehmer. Brentano bejaht das unternehmerische Handeln auf eigene Rechnung, sieht aber als oberstes Ziel des Unternehmers nicht die Gewinnerzielung, sondern die Befriedigung der Bedürfnisse seiner Kunden. Nur wenn diese seine Produkte wertschätzen, kann er eine Wertschöpfung erzielen. Ein Beispiel aus der heutigen Zeit, wie ein Unternehmen seine Gewinne auf Kosten der Kunden maximiert hat, ist der amerikanische Konzern Enron, der Ende 2001 aufgrund eines der größten Bilanzskandale der Geschichte zusammenbrach. Enron hatte davor durch absichtliches Abschalten von Kraftwerken in Kalifornien den Strompreis nach oben getrieben und mehrere Netzzusammenbrüche verursacht (siehe BAKAN, 2005).

Wie sieht Entrepreneurship aus Schumpeters Sichtweise aus?

Einer der bekanntesten Ökonomen, die sich mit dem Unternehmer beschäftigt haben, ist Joseph Schumpeter. Er ist bei seiner Bestimmung des Begriffs aus einer soziologischen Sichtweise vorgegangen. Im Mittelpunkt steht bei ihm dabei das Handeln des Unternehmers. Der Unternehmer erkennt neue Möglichkeiten in den gegebenen Verhältnissen und setzt diese um (vgl. LOER, 2006).

Laut SCHUMPETER (1950) besteht die Funktion des Unternehmers darin, Produktionsstrukturen zu revolutionieren, indem er eine Innovation ausnutzt. Eine Innovation kann zum Beispiel eine Erfindung sowie die Erschließung einer neuen Rohstoffquelle oder eines neuen Absatzgebietes sein. Durch die Initiative des Unternehmers, der Neues und die Verbesserungen von Bestehendem durchsetzt, profitiert die gesamte Gesellschaft. Schumpeter identifiziert den Entrepreneur als den in erster Linie Verantwortlichen für volkswirtschaftliche Aufschwünge. Die Fähigkeit für unternehmerisches Handeln, die „Dinge in Gang" zu setzen (SCHUMPETER, 1950, S. 215), entdeckt Schumpeter nur in einem kleinen Teil der Bevölkerung.

Ein weiterer wichtiger Faktor in der Betrachtung von SCHUMPETER (1965) zum Unternehmertum ist der Unternehmergewinn. Das ist der Überschuss über der Verzinsung der Kapitalgeber. Er taucht demnach nicht regelmäßig auf, sondern nur wenn sich die unter Unsicherheit gefällten Entscheidungen des Unternehmers als richtig erwiesen haben. Diesen Gewinn kann der Unternehmer nur erzielen, wenn er auf irgendeine Weise, zum Beispiel durch Patente oder eine überlegene Strategie, Wettbewerbsvorteile geschaffen hat.

Die Funktion des Unternehmers aus Schumpeters Sichtweise lässt sich nach LOER (2006, S. 28) zusammenfassen als Aufgaben im Rahmen eine wirtschaftlichen Führungsrolle, „die sich in die folgenden Typen fassen lassen:

1. Die Erzeugung und Durchsetzung neuer Produkte oder neuer Qualitäten von Produkten,

2. die Einführung neuer Produktionsmethoden,

3. die Schaffung neuer Organisationen der Industrie (Vertrustung z.B.),

4. die Erschließung neuer Absatzmärkte,

5. die Erschließung neuer Bezugsquellen."

Während bei Brentano noch die generelle Fokussierung auf einen Produktionszweck im Vordergrund steht, benennt und konkretisiert Schumpeter diesen Zweck. Der Begriff der Innovation steht dabei im Mittelpunkt seiner Betrachtung.

Wie sieht Drucker Entrepreneurship?

Nach der Vorstellung der Sichtweisen zweier bedeutender Nationalökonomen des angehenden 20. Jahrhunderts, wird mit Peter F. Drucker einer der bekanntesten Managementautoren der zweiten Hälfte des 20. Jahrhunderts vorgestellt. DRUCKER (1986) teilt das Gebiet des Entrepreneurships in drei Bereiche auf. Seiner Ansicht nach findet man Unternehmer in:

- bestehenden Unternehmen,

- öffentlichen Einrichtungen und

- Neugründungen.

Damit weitet er das Feld über die Ansicht, dass Entrepreneurship zwingend mit Unternehmensgründung zu tun hat, aus. Für ihn hängt Entrepreneurship vielmehr mit Innovation, dem Schaffen und Durchsetzen von Neuerungen auf allen drei in der vorigen Auflistung genannten Gebieten zusammen. Er schränkt dabei Entrepreneurship nicht auf Institutionen der Wirtschaft ein. Als Beispiel für vorbildliches Entrepreneurship nennt Drucker deshalb auch Wilhelm von Humboldt, den Bildungsreformer und Gründer der Berliner Universität.

Eine wichtige Beobachtung von Drucker ist, dass Entrepreneurship keine Charaktereigenschaft ist. Vielmehr wird sie vom Verhalten bestimmt. Es kann seiner Meinung nach keine Auflistung von typischen Eigenschaften von Entrepreneuren geben, da diese zu verschieden sind. Stattdessen definiert er den Entrepreneur als jemanden, der immer auf der Suche nach Wandel ist, auf ihn reagiert und als Chance wahrnimmt (siehe DRUCKER, 1986).

Diese Definition steht ganz im Sinne von Götz W. Werner, der das ständige Aufgreifen und Verwandeln als Ur-Tätigkeit des Unternehmers sieht (vgl. LOER, 2006).

2.2.2 Wofür steht Entrepreneurship heute?

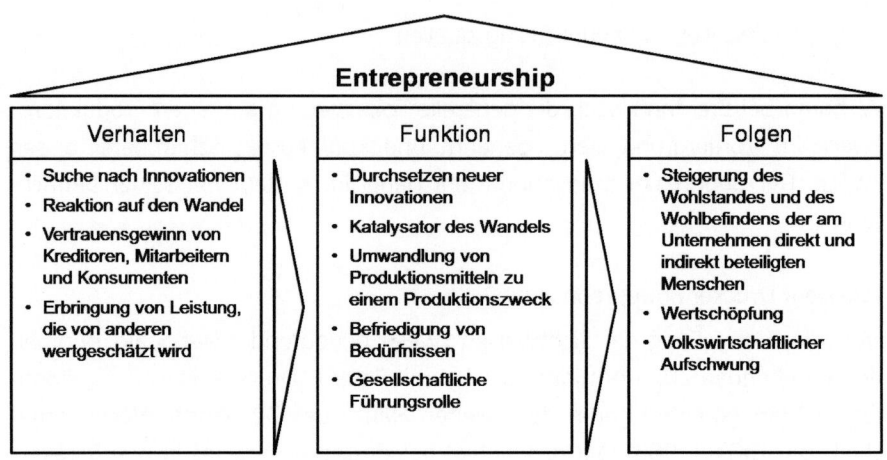

Abbildung 4: Die drei Säulen von Entrepreneurship (eigene Darstellung)

Abbildung 4 fasst die wichtigsten Punkte der Betrachtungsweisen von Entrepreneurship aus den letzten Abschnitten, ergänzt um einige neuere Erkenntnisse, zusammen. Dabei wird Entrepreneurship in die drei Säulen *Verhalten*, *Funktion* und *Folgen* unterteilt. Drucker und verschiedenen aktuellen Studien (siehe BLUMBERG, 2006)[2] folgend, wird in der Übersicht nicht auf Charaktereigenschaften von Entrepreneuren eingegangen. Dies geschieht, da die Gruppe der Unternehmer zu heterogen ist, um eine eindeutige, allgemeingültige Aussage zu den Eigenschaften eines typischen Entrepreneurs zu machen. Stattdessen soll das Verhalten betrachtet werden, das Teil der Definition eines Entrepreneurs ist. Neben der Suche nach Wandel und Innovationen und deren Nutzung spielt als Voraussetzung, um initiativ zu werden, der Gewinn des *dreifachen Vertrauens*

---

[2] Blumberg vergleicht in seiner Studie europaweit die Gruppe der Selbständigen (mit und ohne Angestellte) mit Angestellten. Dabei greift er auf Daten des European Social Surveys zurück und vergleicht, inwieweit sich die Werte der verschiedenen Gruppen voneinander unterscheiden. Dabei zitiert er andere Studien, die alle zu keiner eindeutigen Aussage bei der Charakterisierung von Entrepreneuren kamen. Bei seinem Ansatz, Selbständige als Gruppe mit Nicht-Selbständigen zu vergleichen, kommt er zu dem erstaunlichen Ergebnis, dass Selbständige verstärkt konservative Werte anstelle einer Offenheit für Wandel vertreten. Da bei der Studie aber vor allem Freiberufler und weniger Entrepreneure im Sinne dieser Arbeit in der befragten Gruppe waren, kann dieses Ergebnis nicht zur Charakterisierung von Entrepreneuren dienen.

eine entscheidende Rolle. Der Unternehmer kann die Produktionsmittel nur ergreifen, um sie einem Zweck zuzuführen, wenn er das Vertrauen seiner Kreditoren, Mitarbeiter und Konsumenten genießt (vgl. VOGEL, 1990). Nach WERNER (2005a) muss der Unternehmer, um das Vertrauen seiner Konsumenten zu gewinnen, in der Händlerrolle die Bedürfnisse seiner Kunden antizipieren und befriedigen. Gegenüber seinen Mitarbeitern nimmt der Unternehmer die Arbeitsleiterrolle ein. Nur durch das Vertrauen seiner Mitarbeiter und indem der Unternehmer eine *„Geisteshaltung ständigen Umdenkens"* schafft, können die Mitarbeiter im Unternehmen neue Dinge aufnehmen und den Wandel ermöglichen. Darüber hinaus bedeutet die effiziente Organisation der Arbeit eine effektive Bündelung der Ressourcen, um die Funktion der Zuführung der Produktionsfaktoren zu einem Produktionszweck zu erfüllen. Schließlich muss der Unternehmer noch das Vertrauen seiner Kreditoren gewinnen. Durch seine Schuldnerrolle, nicht nur gegenüber den Geldgebern, sondern gerade auch gegenüber allen anderen am Unternehmen direkt und indirekt Beteiligten, nimmt der Unternehmer eine gesellschaftliche Führungsposition ein. Diese versetzt ihn in die Lage seinen Unternehmenszweck zu erfüllen.

Bevor nun in Abschnitt 2.3 noch ausführlicher auf die Funktionen des Entrepreneurs eingegangen wird, sollen noch die Folgen des unternehmerischen Handelns beschrieben werden. Diese erzielt der Unternehmer durch sein Verhalten und über seine Funktion. Indem er die Bedürfnisse seiner Kunden befriedigt und gesamtgesellschaftlichen Wandel voranbringt, erzeugt er Wertschöpfung und volkswirtschaftlichen Aufschwung. SCHUMPETER (1950) argumentiert sogar, dass der Entrepreneur alleine für volkswirtschaftliches Wachstum verantwortlich ist, die Volkswirtschaft ohne ihn stagnieren würde. Durch seine Initiative, Produkte und Dienstleistungen zu vertreiben, die von den Konsumenten wertgeschätzt werden, erreicht der Unternehmer Wertschöpfung. Überdies erzielt er durch die Bedürfnisbefriedigung und seine dreifache Rolle als Schuldner, Händler und Arbeitsleiter eine Steigerung des Wohlstandes und Wohlbefindens aller am Unternehmen beteiligten Personen. Dabei soll *am Unternehmen beteiligt* im weitesten Sinne, als alle von den Leistungen direkt und indirekt betroffenen Personen, verstanden werden. Beispiele von Umweltschäden, die von Unternehmen verursacht wurden, zeigen, dass Wohlstandssteigerung im praktischen Unternehmensalltag nicht immer erreicht wird. Im weiteren Verlauf dieser Arbeit wird erklärt, wie Social Entrepreneurship eine Rückbesinnung auf die positiven Folgen von Unternehmertum darstellt.

2.3 Welchen Einfluss haben Bedürfnisse auf die Funktion und Motivation eines Entrepreneurs?

Wie im vorigen Abschnitt dargelegt, ist eine der Hauptfunktionen des Unternehmers, die Bedürfnisse der Konsumenten zu antizipieren und zu befriedigen. Daraus ergibt sich die Frage, was man unter Bedürfnissen verstehen kann, welche Bedürfnisse es überhaupt gibt und wie man diese einordnen kann. Um diese Frage zu beantworten, werden in den folgenden Abschnitten verschiedene Bedürfnistheorien sowie ihre Entwicklungen vorgestellt. Im Anschluss daran wird die Betrachtung der Bedürfnisse weiter nach dem persönlichen Hintergrund von Menschen differenziert, um dann abschließend wieder zum Zusammenhang von Bedürfnissen und unternehmerisch-wirtschaftlichem Handeln zurückzukommen.

Die Betrachtung der Bedürfnisse dient aber nicht nur zur Erklärung der Funktion eines Unternehmers. Die Motivation eines Entrepreneurs überhaupt unternehmerisch tätig zu werden, entspringt seinen persönlichen Bedürfnissen. Im Folgenden sollen daher die Bedürfnisse unter zwei Gesichtspunkten betrachtet werden. Einerseits zur Erklärung des durch Bedürfnisse getriebenen wirtschaftlichen Handelns von Menschen und andererseits zur Erklärung der Motivation von Unternehmern.

2.3.1 Wie kann man Bedürfnisse gliedern?

Die Frage nach der Motivation ist immer auch die Frage nach dem *Warum*. Während man das Handeln eines Menschen an sich genau beobachten kann, gilt das Gegenteil für den Grund des Handelns. Erschwerend kommt hinzu, dass ein und dieselbe Handlung verschiedene Motivationen haben kann. So kann es zum Beispiel sein, dass ein schreiendes Kind hungrig ist oder aber, dass es seine Mutter sucht. Wenn man das Kind verstehen will, muss man seine Motive kennen. Zum Zweck dieser Arbeit sollen dabei die Begriffe *Motiv* und *Bedürfnis* gleichgesetzt werden. Es kann sich dabei um Bedürfnisse handeln, die jeder Mensch hat, so genannte *Grundbedürfnisse*, oder *individuelle Bedürfnisse* (vgl. FISCHER u. WISWEDE, 2002).

In den nächsten zwei Abschnitten werden mit den Theorien von Brentano und Maslow zwei Bedürfnistheorien genauer vorgestellt, bevor im darauf folgenden Abschnitt ein Überblick über den aktuellen Stand der Motivationsforschung gegeben wird. Grundsätzlich lassen sich Motivationstheorien in thematische und a-thematische Konzepte einteilen. Letztere enthalten keine Aussage über konkrete Bedürfnisse und sind eher abstrakt (vgl. FISCHER U. WISWEDE, 2002).

Die beiden hier vorgestellten Theorien gehören zu den thematischen Motivationstheorien, da sowohl Maslow als auch Brentano bestimmte Bedürfnisse näher bezeichnen und diese klassifizieren. Beiden gemein ist auch, dass sie so genannte polythematische Versionen aufgestellt haben. Im Unterschied zu Sigmund Freud, der versuchte alles Handeln durch das Zusammenwirken von Libido und Destruktion zu erklären, werden mehrere Bedürfniskategorien gegeben. Hierdurch wird dem Menschen mehr Raum gegeben, anstatt jedes Handeln *gewaltsam* mit einem Motiv zu erklären (vgl. FISCHER U. WISWEDE, 2002). Dies darf nicht dazu führen, jedem Verhalten ein eigenes Motiv zuzuweisen. FISCHER U. WISWEDE (2002) zeigen dazu anhand eines Negativbeispiels, dass diese extreme Variante der Motivationstheorie zu einer Tautologie führen würde:

"Warum sparen Menschen? Sie folgen einem Sparmotiv. Warum bohren sie in der Nase? Sie werden von ihrem Nasebohrmotiv geleitet."

Auf den Fall des Entrepreneurs angewendet, bedeutet das, dass ein *Unternehmensmotiv* nicht zur Erklärung unternehmerischen Handelns herangezogen werden kann.

Was versteht Brentano unter Bedürfnissen?
Schon Lujo Brentano hat sich Anfang des 20. Jahrhunderts Gedanken über den Sinn und Zweck der Wirtschaft gemacht. So stellt er fest:

"Ausgangs- und Zielpunkt der Volkswirtschaft ist der Mensch. Stattdessen läßt sich auch sagen: Ausgang aller Wirtschaft ist das Bedürfnis. Der Mensch empfindet Bedürfnisse." (BRENTANO, 1924, S. 103)

Dies sagt Brentano in Abgrenzung zu älteren Nationalökonomen, bei denen die Güter im Mittelpunkt ihrer Betrachtungen standen. Es kommt nicht darauf an, möglichst viele Güter zu produzieren, sondern alleine darauf, welche Güter von Menschen nachgefragt werden. Der Mensch ist nicht dazu da, die Güter zu vermehren, sondern die Wirtschaft ist für den Menschen da.

Darauf aufbauend ordnet Brentano die aus seiner Sicht wichtigsten Bedürfnisse. Grundsätzlich unterscheidet er dabei zuerst zwischen negativen und positiven Bedürfnissen. Auf der einen Seite den *Schmerz* und auf der anderen Seite die *Lust*. Schmerzen sind Unlustgefühle, die man versucht zu umgehen, zum Beispiel indem man einen Mangel behebt. Durch die Behebung von Mangelgefühlen wiederum entsteht Lust und tritt an die Stelle des Schmerzes. Beide verhalten sich konträr zueinander.

Eine weitere Unterscheidung, die Brentano vornimmt, ist die zwischen körperlichen und geistigen Bedürfnissen. Dabei beruft er sich auf Aristoteles und Thomas von Aquin, die beide schon zwischen geistigen und körperlichen Bedürfnissen unterschieden haben. Schließlich führt er noch die Gewichtung nach Dringlichkeit der Bedürfnisse ein. Einerseits gibt es existenzbedrohende Bedürfnisse, die sofort gestillt werden müssen, so genannte *Grundbedürfnisse*, andererseits gibt es Bedürfnisse, deren Nichtbefriedigung keine negativen Folgen nach sich zieht. Diese nennt er *Nebenbedürfnisse*. Schließlich differenziert Brentano noch nach egoistischen und altruistischen Bedürfnissen und stellt fest, dass die egoistischen Bedürfnisse in der Regel den altruistischen hinsichtlich der Dringlichkeit, mit der sie empfunden werden, vorangestellt sind.

So sieht eine Auflistung der Bedürfnisse nach BRENTANO (1924, S. 115 ff), beginnend mit den dringlichsten, wie folgt aus:

1. Bedürfnisse der baren Lebenserhaltung und der Notdurft,

2. geschlechtliche Bedürfnisse,

3. Anerkennung durch Andere,

4. Wohlbefinden in der Zeit nach dem Tode,

5. Erheiterung,

6. Vorsorge für die eigene Zukunft und die der nächststehenden Angehörigen,

7. Bedürfnis nach Heilung,

8. Bedürfnis nach Reinlichkeit,

9. Bedürfnis nach Bildung in Wissenschaft und Kunst,

10. Schaffensbedürfnis.

Obwohl diese Liste, vor allem in dieser Reihenfolge, wahrscheinlich für viele Menschen heutzutage keine Gültigkeit hat, bietet sie eine interessante Grundlage zum tieferen Verständnis von Bedürfnissen. Besonders der grundsätzlichen Einteilung, nach der im Allgemeinen zuerst die egoistischen Bedürfnisse vor den altruistischen Bedürfnissen befriedigt werden wollen, ist eine gewisse Gültigkeit auch zur heutigen Zeit nicht abzusprechen.

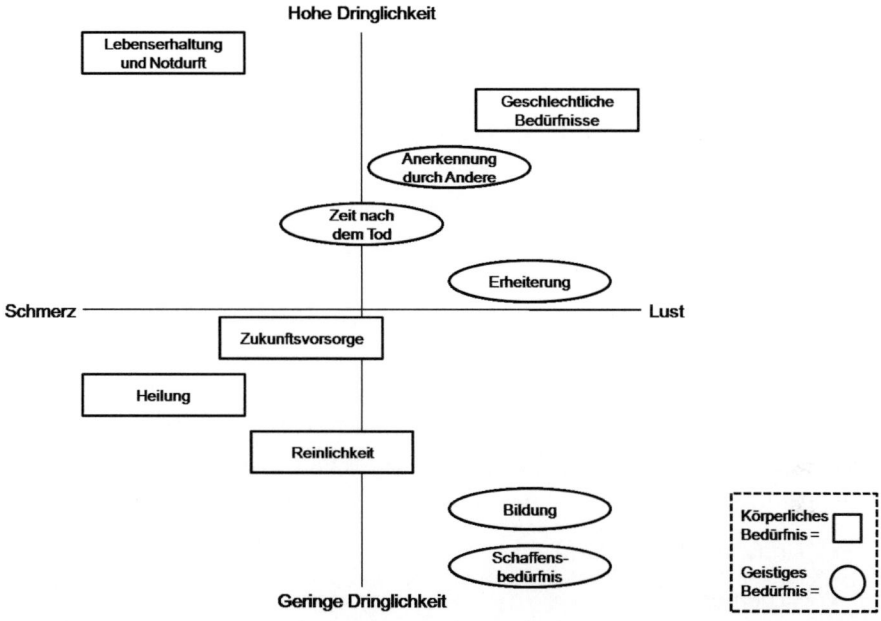

Abbildung 5: Einteilung der Bedürfnisse (nach BRENTANO, 1924)

Abbildung 5 zeigt zusammenfassend die zehn von BRENTANO (1924) beschriebenen Bedürfnisse sowie eine Einteilung nach den drei von ihm vorgeschlagenen Dimensionen *Schmerz - Lust*, *niedrige Dringlichkeit - hohe Dringlichkeit* und *geistiges Bedürfnis - körperliches Bedürfnis*.

Wie werden Bedürfnisse in der Maslow Pyramide gegliedert?

Einer der bekanntesten Forscher zu Bedürfnissen ist Abraham Maslow. Trotz der Popularität seiner Theorie der Bedürfnispyramide, wird sie oft auch kritisiert. So sind, wie bei jeder Klassifizierung, auch andere Gruppierungen denkbar. Außerdem gibt es nach FISCHER U. WISWEDE (2002) bei der Einteilung und Abgrenzung der Bedürfnisse noch einige Ungereimtheiten. Maslows Theorie soll hier exemplarisch als eine weit verbreitete Bedürfnistheorie, die vor allem im Management und Marketing großen Anklang findet, vorgestellt werden. Auf diese Weise soll das allgemeine Verständnis für die Fragestellungen der Motivation geschärft werden. Außerdem werden einige interessante Konzepte Maslows vorgestellt.

Eine wichtige Unterscheidung, die MASLOW (1977, S. 58 f.) vornimmt, ist die zwischen dem Mittel und dem Zweck. Er führt dabei als Beispiel an, dass „Geld besitzen" kein Bedürfnis ist. Weiter erklärt er, dass es nur ein Mittel ist, um sich beispielsweise ein Auto zu kaufen und so mit den Nachbarn mitzuhalten. Das eigentliche Bedürfnis, der Zweck, ist es, unsere Selbstachtung zu erhalten. Im Analogieschluss auf Unternehmen bezogen bedeutet dies, dass deren Zweck es nicht sein sollte, möglichst viel Gewinn zu erwirtschaften, sondern Gewinn sollte ein Mittel sein, um höhere Zwecke zu erfüllen.

Das Anhäufen von Geld oder der Besitz eines Autos kann trotzdem an sich schon intrinsisch motiviert sein. Die Befriedigung, die materieller Besitz erzeugt, spricht bei manchen Menschen positive geistige Empfindungen an, die bei anderen Menschen beispielsweise durch Sport oder Kulturgenuss ausgelöst werden. Das zugrunde liegende Bedürfnis ordnet Maslow aber trotzdem einer seiner fünf Kategorien zu.

In der „Theorie der Motivation" führt MASLOW (1977, S. 74 ff.) schließlich eine Aufzählung und Gliederung der menschlichen Bedürfnisse durch. Diese ordnet er folgendermaßen von unten nach oben:

- Grundlegende Bedürfnisse,
- Sicherheit,
- Zugehörigkeit und Liebe,
- Achtung und
- Selbstverwirklichung.

Die *grundlegenden Bedürfnisse* sind die so genannten physiologischen Triebe. Klassische Beispiele dafür sind Hunger, Sexualität und Durst. Diesen Bedürfnissen gemein ist die Charakteristik des Konsumierens, also des *Nehmens*. Sie müssen befriedigt werden, bevor andere Bedürfnisse in den Vordergrund treten können. Allerdings trifft dies nur auf die tatsächliche Existenzsicherung zu. Denn oft sagt man, dass man hungrig ist, meint damit aber nicht, dass man extremen Hunger hat, sondern Appetit (vgl. MASLOW, 1977).

Grundsätzlich gibt es keine absolute Befriedigung aller Bedürfnisse, da, sobald ein Bedürfnis befriedigt ist, neue (höhere) auftauchen. So kommen nach der Befriedigung der physiologischen Bedürfnisse die Bedürfnisse der Kategorie *Sicherheitsbedürfnisse* wie zum Beispiel Geborgenheit, Schutz und Stabilität auf.

Eine nächste Stufe der Bedürfnisse ist das Bedürfnis nach *Zugehörigkeit und Liebe*. Dieses führt zur Bildung von Freundschaftsgruppen und Gemeinschaften. Außerdem bildet es die Grundlage, um die Bedürfnisse der *Achtung* zu befriedigen. Durch diese Bedürfnisse wird der Wunsch nach Wertschätzung durch andere Personen und durch sich selbst beschrieben.

Die Spitze der Bedürfnispyramide nach Maslow bildet schließlich das Bedürfnis nach *Selbstverwirklichung*. Eine große Rolle spielen dabei die individuellen Veranlagungen, die man ausschöpfen will. Es ist kein Bedürfnis des Nehmens, sondern eher ein Bedürfnis des *Gebens* seiner Fähigkeiten.

Maslow erklärt, dass die Bedürfnisse normalerweise in der dargestellten Reihenfolge auftauchen. Allerdings müssen Bedürfnisse nicht zu hundert Prozent befriedigt sein, damit ein höheres Bedürfnis auftauchen kann. Eine relative Befriedigung reicht aus.

Wie sieht eine moderne Bedürfnistheorie aus?

Auch wenn heutzutage die in den vorhergehenden Abschnitten aufgestellten Bedürfnislisten nicht mehr sinnvoll erscheinen, sind doch zwei wichtige Punkte in die weitere Betrachtung aufzunehmen. Zum einen ist das die Unterscheidung nach Bedürfnissen, die jeder Mensch in irgendeiner Weise verspürt (Grundbedürfnisse) und nach anderen, individuelleren Bedürfnissen. Zum anderen ist das die Betrachtung von Bedürfnissen entlang unterschiedlicher Dimensionen. Diese sind:

- Schmerz – Lust,
- geistig – körperlich,
- egoistisch – altruistisch und
- Nehmen – Geben.

Ein Merkmal der beschriebenen Bedürfnistheorien ist es, dass sie noch am Prinzip der Selbstversorgungsgesellschaft ausgerichtet sind. In einer modernen Fremdversorgungsgesellschaft dagegen ist keiner mehr in der Lage alle seine Bedürfnisse selbst zu stillen. Darüber hinaus muss sich heutzutage ein großer Teil der Menschen in westlichen Industriestaaten keine Gedanken mehr über eine ausreichende Befriedigung der Grundbedürfnisse machen. Für diese wird die Suche nach einem *sinnerfüllten Leben* ein neues Leitbedürfnis. Aus einem Für-sich-Leisten kann damit ein Füreinander-Leisten entstehen (vgl. ROHRHIRSCH, 2005).

Während es in früheren Zeiten vor allem um die Befriedigung von materiellen Bedürfnissen ging, spielt heutzutage in den entwickelten Ländern vor allem die Befriedigung von immateriellen Bedürfnissen eine große Rolle. Es geht nicht mehr darum, sich mechanisch auf der Bedürfnispyramide sisyphusgleich hochzuarbeiten. Stattdessen muss man Bedürfnisse situationsgebunden, dynamisch betrachten. Nach Befriedigung der Grundbedürfnisse entstehen durch unser soziales Umfeld, die Gesellschaft, Bedürfnisse. Diese lassen sich nicht durch klassische Methoden der Markt- und Bedürfnisforschung vorhersagen (siehe FISCHER U. LOTTER, 2006).

Jeder hat im Rahmen seiner persönlichen Sinnsuche verschiedene Bedürfnisse, auf die es gilt einzugehen. In der heutigen Zeit kann eine Befriedigung der Bedürfnisse nur in der Gemeinschaft mit anderen gelingen (vgl. GENKIN, 2004). Dennoch werden häufig egoistische Motive als Grundlage für unser Handeln identifiziert. Die Gemeinschaft dient dabei höchstens zur Reflexion, zum Beispiel zur Befriedigung des Bedürfnisses nach Selbstverwirklichung (man verwirklicht sich selbst, indem man beispielsweise mit seinen Fähigkeiten Produkte herstellt, die andere nutzen). Außerdem dient die Gemeinschaft oft als Anreiz oder Vergleichsmaßstab zur Befriedigung von egoistischen Bedürfnissen (siehe FERRAZZI, 2008).

Die Bedürfnisse des Nehmens können durch Bedürfnisse des Gebens ergänzt werden und so eine Bedürfnisdynamik aus Geben und Nehmen erzeugen. Genauso wie Menschen gerne die Dienste anderer in Anspruch nehmen, werden sie auch angetrieben ihre Fähigkeiten einzusetzen, um damit anderen Menschen zu geben. Hierbei ist zu beachten, dass ein materielles Geben, zum Beispiel von Almosen, nicht immer unter die Bedürfnisse des Gebens fällt. Dies wäre eher ein Beispiel des Nehmens, wenn man sich durch Almosen ein gutes Gewissen *nehmen* will. Die sozialen, intellektuellen und geistigen Bedürfnisse des Gebens können nach GENKIN (2004) zu dem Bedürfnis zum Erreichen von Lebenszielen zusammengefasst werden.

2.3.2 Welche Rolle spielt der persönliche Hintergrund?

Die Darstellung und Gewichtung von Bedürfnissen sagt nur bedingt auch etwas über die jeweilige Bedeutung für jeden Einzelnen aus. Je nach Lebenssituation sowie kulturellem und sozialem Hintergrund sind verschiedene Bedürfnisse unterschiedlich stark vorhanden und ausgeprägt (vgl. GENKIN, 2004). Darüber hinaus sieht man in Abbildung 6, dass sich eine Handlung erst aus der Kombination von persönlicher Situation und Bedürfnissen ergibt. Für die Arbeit des Unternehmers, dessen Funktion es ist, die Bedürfnisse von Menschen aufzugreifen, ist es von besonders großer Bedeutung diese Unterschiede besser zu verstehen. Eine Betrachtung der verschiedenen Situationen kann sich auf die Person als Individuum beziehen oder als Bestandteil einer Gruppe, wie der Bevölkerung eines Landes. Im nächsten Abschnitt wird zunächst auf individuelle Bedürfnisse vor dem Hintergrund der persönlichen Lebenssituationen eingegangen, bevor im darauf folgenden Abschnitt verschiedene Länder und Kulturen betrachtet werden.

Wie unterscheiden sich Bedürfnisse nach persönlichen Lebenssituationen?

Es wird wohl niemand abstreiten, im Verlaufe seines Lebens, sogar innerhalb eines Tages, von verschiedenen Motiven angetrieben worden zu sein. Die individuelle Betrachtungsweise der Bedürfnisse ist daher essenziell (vgl. GENKIN, 2004). Das bedeutet aber nicht, dass jeder von uns komplett unterschiedliche Bedürfnisse hat. Sonst ließe sich kaum erklären, dass ein Unternehmer ein Produkt auf dem Markt bringt, das von vielen verschiedenen Menschen nachgefragt wird. Trotzdem muss er sich auf die Bedürfnisse seiner Kunden einstellen. Zum Beispiel ist der Grad des Wohlstandes in einem Land entscheidend dafür, welche Bedürfnisse die Menschen dort befriedigt haben wollen. Dies trifft sogar auf die eigentlichen Grundbedürfnisse zu. So unterscheiden sich beispielsweise die Waren, die heute als lebensnotwendig konsumiert werden, erheblich von Waren der gleichen Kategorie vor 50 oder 100 Jahren (vgl. STEHR, 2007).

Wenn es schon bei den Grundbedürfnissen solche Unterschiede gibt, wie sieht es dann bei den weitergehenden Bedürfnissen aus? Exemplarisch, da für diese Arbeit von großer Bedeutung, soll das Altruismus-Motiv dargestellt werden, das FISCHER U. WISWEDE (2002) beschrieben haben. Denn selbst das nach außen hin selbe Motiv kann wiederum verschiedene Beweggründe haben. Altruismus ist ein Teilbereich von *pro-sozialem* Verhalten. Dabei kann zwischen extrinsischem und intrinsischem Altruismus unterschieden werden. Ersterer ist eigentlich versteckter Egoismus. Denn das scheinbar altruistische Verhalten wird durch die Erwartung einer externen Belohnung ausgelöst. Fischer u. Wiswede geben als Beispiel dafür den Beifall Dritter oder auch die Hoffnung, eines Tages durch Gott im Himmel belohnt zu werden. Dem gegenüber steht der intrinsische Altruismus. Dieser wird durch bestehende soziale Normen verstärkt und setzt Empathie voraus. Durch das Einfühlen in eine andere Person kann man deren Bedürfnisse erkennen und ihr helfen; dabei entsteht eine eigene innere Befriedigung. STEHR (2007) hat festgestellt, dass es einen Wandel von gesellschaftlichen Normen hin zur Förderung von moralischen Handlungsweisen gibt.

Wie unterscheiden sich die Bedürfnisse unterschiedlicher Kulturen?

Einer der Kritikpunkte an Maslows Bedürfnistheorie ist die fehlende Betrachtung der Gültigkeit in verschiedenen Kulturkreisen (vgl. FISCHER U. WISWEDE, 2002). Deshalb wird im Folgenden ein Blick auf die Forschung von HOFSTEDE (1980), einem viel zitierten Autor im Bereich der interkulturellen Forschung, geworfen. Er hat fünf Bereiche identifiziert, in denen sich Menschen aus verschiedenen Kulturkreisen unterscheiden. Da seine Forschung auf der für die gesamte Bevölkerung nicht repräsentativen Gruppe der Angestellten seiner Firma IBM basiert, gibt es gewisse Einschränkungen hinsichtlich der Allgemeingültigkeit der Ergebnisse. Trotzdem geben sie einen Hinweis auf unterschiedliche Werte und Normen in verschiedenen Kulturkreisen, die sich auch auf die Bedürfnisse von einzelnen Menschen niederschlagen. Die von Hofstede beschrieben Bereiche sind:

Power Distance bedeutet, wie stark der Einfluss von Autoritäten bei der Entscheidungsfindung ist. Das zeigt sich zum Beispiel daran, wie weit Wert auf Gehorsam im Verhältnis zwischen Eltern und Kindern gelegt wird.

Uncertainty Avoidance beschreibt, in welchem Grad Menschen eines Kulturkreises versuchen Unsicherheit in der Zukunft zu vermeiden und möglichen Risiken aus dem Weg zu gehen.

Individualism ist die Bedeutung von persönlicher Unabhängigkeit in einer Gesellschaft.

Masculinity steht für die unterschiedliche Gewichtung von traditionell als eher männlich angesehenen Werten wie Härte oder Zielstrebigkeit und von als eher weiblich angesehenen Werten wie Einfühlvermögen oder Fürsorge.

Auch wenn jeder Mensch individuelle Bedürfnisse hat, haben gesellschaftliche Werte eine Auswirkung auf seine Empfindungen. Über eine Betrachtung der kulturellen Unterschiede können Rückschlüsse auf persönliche Motive gezogen werden. Zum Beispiel sind in lateinamerikanischen Ländern die Gemeinschaft betreffende Werte wichtiger als egoistische Bedürfnisse. Ein Unternehmen aus dem Bildungssektor, wie zum Beispiel eine Universität, muss dies bei der Gestaltung seines Angebotes beachten und beispielsweise verstärkt auf Gruppenarbeit setzen, um die Bedürfnisse seiner Kunden zu befriedigen (vgl. HARBRECHT U.A., 2006)

2.3.3 Wie können Bedürfnisse wirtschaftliches Handeln erklären?

Die Theorie der Bedürfnisse soll nun sowohl im Zusammenhang mit wirtschaftlichem Handeln von Konsumenten als auch zur Erklärung der Motivation des Entrepreneurs betrachtet werden.

Was ist der generelle Zusammenhang von Bedürfnissen und Wirtschaft?
Bedürfnisse bilden die Basis, den Motor unseres wirtschaftlichen Handelns (siehe THOMMEN, 1991). Aus Bedürfnissen entsteht Mangel, und wenn Mangel und Überschuss aufeinander treffen, entsteht wirtschaftliches Handeln.

Schon SCHUMPETER (2006) erklärte: Wirtschaftliches Handeln ist die Konsequenz daraus, dass Menschen ihre Bedürfnisse bestmöglich befriedigen wollen. Der Unternehmer greift jene Punkte auf, in denen er einen Mangel sieht, der durch nicht befriedigte Bedürfnisse ausgelöst wurde. Er schafft einen Überfluss als Gegenpol, der das wirtschaftliche Handeln antreibt. Da, wie bereits beschrieben wurde, menschliche Bedürfnisse meist nicht auf Dauer befriedigt werden und auf ein befriedigtes Bedürfnis außerdem immer wieder neue Bedürfnisse folgen, entsteht so die Grundlage für einen wirtschaftlichen Kreislauf.

Wie in Abbildung 6 gezeigt wird, entsteht nach HECKHAUSEN U. HECKHAUSEN (2006) Handeln aus der Interaktion von Person und Situation. Die einzelnen Schritte, die von der Motivation ausgelöst werden, finden sich auch im nächsten Abschnitt, in Abbildung 7, wieder. Sie erklärt die Motivation von Entrepreneuren.

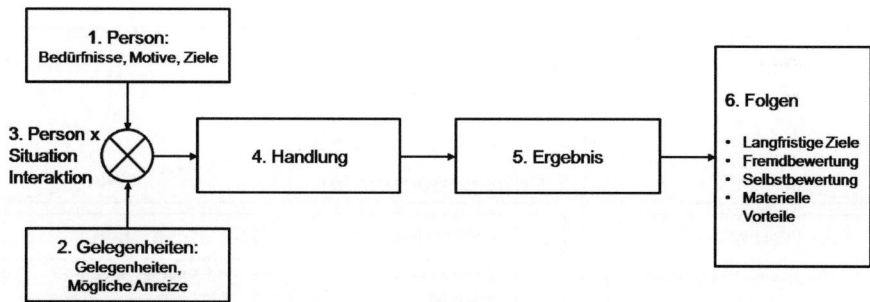

Abbildung 6: Überblicksmodell zu Determinanten motivierten Handelns (vgl. HECKHAUSEN U. HECKHAUSEN, 2006)

Wie kann eine Ausweitung der Bedürfnistheorie auf das Handeln des Entrepreneurs aussehen?

Nach der Vorstellung der Bedürfnisbefriedigung als Grundlage jedes wirtschaftlichen Handelns soll die Theorie der Bedürfnisse einem zweiten Zweck dienen. Bisher wurde der Unternehmer nur über sein Verhalten und seine Funktion charakterisiert. Dabei ist auch er, genauso wie alle anderen wirtschaftlich handelnden Subjekte, ein Individuum mit eigenen Bedürfnissen und Wünschen. So sind die Bedürfnisse nicht nur aus Konsumentensicht wichtig, genauso wichtig ist es, auch die Motivation des Unternehmers an sich zu betrachten. Die entscheidende Frage ist nämlich: Warum tut der Unternehmer das, was er tut? Warum beobachtet er den Markt, um Mangel zu erkennen, warum ergreift er Initiative, um Überschuss zu produzieren? Auch dabei können die in den letzten Abschnitten betrachteten Bedürfnistheorien weiterhelfen. Als Mensch hat der Unternehmer natürlich auch selbst ganz bestimmte Bedürfnisse, die von seiner Lebenssituation und Kultur geprägt sind. Wenn man die Erkenntnisse von MASLOW (1977) erweitert, kann die Motivation des Unternehmers nicht darin liegen Gewinn zu erzielen, da Gewinn an sich kein Bedürfnis ist, sondern ein

Mittel um einen anderen Zweck zu erreichen. Aus welcher Motivation, aus welchem Bedürfnis heraus werden Menschen dann unternehmerisch tätig?

Das in Abbildung 4 aufgestellte Modell der drei Säulen von Entrepreneurship lässt sich durch das Fundament, die Motivation des Entrepreneurs, erweitern. Abbildung 7 zeigt nun ein vollständiges Bild von Entrepreneurship. In einer Meta-Analyse zu Motiven von Entrepreneuren konnten SHANEA U.A. (2003) einige oft genannte Bedürfnisse identifizieren. Der Wunsch nach einer Befriedigung dieser Bedürfnisse ist überhaupt erst der Antrieb, nach unternehmerischen Möglichkeiten zu suchen. Zu den Motiven für unternehmerisches Handeln gehören das Bedürfnis, Leistung zu erbringen und dadurch besonders den eigenen Fähigkeiten zu entsprechen und diese einzusetzen. Aber auch andere egoistische Bedürfnisse werden in den Studien genannt, wie die Selbstverwirklichung, die Selbstbestimmung und die Unabhängigkeit.

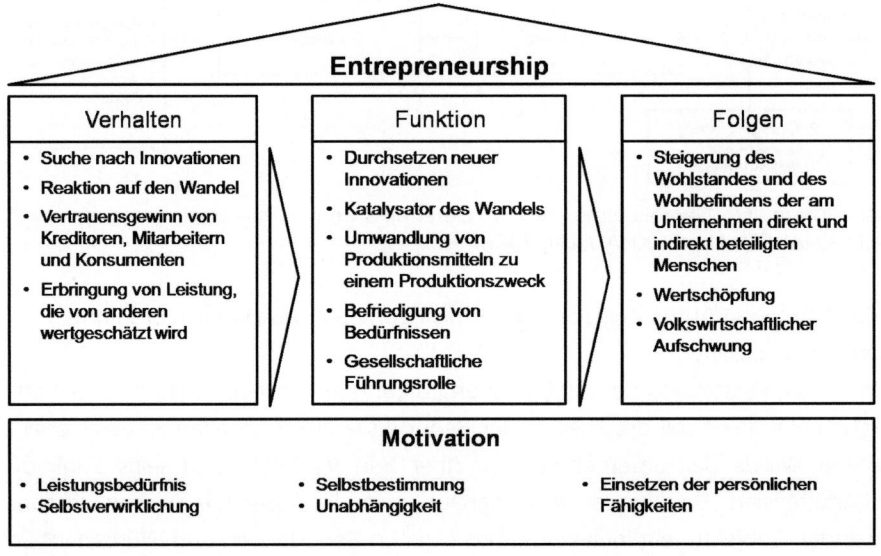

Abbildung 7: Motivation von Entrepreneuren (eigene Darstellung)

Eine Untersuchung der Ereignisse und Neigungen, die als Vorstufe eine bestimmte Motivation in Menschen oder speziell in Entrepreneuren hervorrufen, wäre eine weitere Vertiefung in die Thematik der Bedürfnistheorie. Diese wird hier aber ausdrücklich nicht vorgenommen (siehe hierzu z.B. KRUEGER U.A., 2007).

Ohne den Anspruch auf Vollständigkeit zu erheben, sollte die Betrachtung bisher schon ein recht gutes Bild von den entscheidenden Elementen bei der Beschreibung von Entrepreneurship gegeben haben. Im Weiteren dient diese

Beschreibung als Grundlage für die Darstellung, was aus einem Entrepreneur einen Social Entrepreneur macht. Der Social Entrepreneur erfüllt alle Bedingungen eines Entrepreneurs, was Motivation, Verhalten, Funktion und Folgen anbelangt. An entscheidenden Stellen des Konzepts werden aber Erweiterungen vorgenommen, die eine eigene Typenbezeichnung, die des Social Entrepreneurs, rechtfertigen.

2.4   Was macht einen Entrepreneur zum Social Entrepreneur?

Die im letzten Abschnitt behandelte Motivation für unternehmerisches Handeln wird nun weiter gedacht, um herauszuarbeiten was einen Entrepreneur zu einem Social Entrepreneur macht. Während die Grundfunktion des Entrepreneurs und des Social Entrepreneurs dieselbe ist – beide erkennen Mängel und verwandeln diese – liegt der große Unterschied zwischen beiden in der Motivation und der darauf ausgerichteten Wirkung ihres Handelns. Wie schon im letzten Abschnitt bemerkt, sind in der Literatur Entrepreneuren zugeschriebene Motive meist egoistischer Natur. Diese Bedürfnisse sind eher auf ein Nehmen ausgerichtet als auf ein Geben. Altruistische Bedürfnisse spielen keine entscheidende Rolle bei den klassischen Definitionen von Entrepreneurship. Genau diese verschiedenen Motivationen machen nun den Unterschied zwischen konventionellen Unternehmern und Social Entrepreneurs aus. Beim Social Entrepreneur ist die Frage: *„Womit kann ich dienen?"* nicht nur funktional verankert, um die Bedürfnisse des Marktes zu erfragen und sie dann aus seiner egoistischen Motivation heraus zu befriedigen. Er versucht seine Fähigkeiten so einzusetzen, dass er feststellen kann, *„meine Begabung wird von jemandem nachgefragt"*. Dies führt zwar auch bei ihm zu einer persönlichen Befriedigung, diese ist aber gleichzeitig an den Wert, den er für seine soziale Umgebung geschaffen hat, gekoppelt.

So können zum Beispiel zwei Unternehmer das Bedürfnis nach Verhütungsmitteln und den Wandel in der öffentlichen Wahrnehmung von Sexualität erkannt haben. Beide beschließen nun Kondome herzustellen. Das Entscheidende ist, aus welcher Motivation heraus sie dies tun. Der eine von beiden tut es vielleicht, da er einen wachsenden Markt in Schwellenländern erkennt und dieses Wachstum ausnutzen will, um eine Marktführerschaft anzustreben. Auf diese Weise schafft er sich ein einträgliches Geschäft sowie persönlichen Wohlstand und Sicherheit. Der andere Unternehmer erkennt, welchen Nutzen Kondome in der weltweiten Bekämpfung von HIV/AIDS haben können und will nun möglichst viele Menschen mit Kondomen versorgen, um die weltweite Verbreitung von AIDS einzudämmen. Die unterschiedlichen Motive der beiden werden ihr Verhalten und die angestrebte Wirkung beeinflussen. In einer Marktanalyse der erfolgversprechenden Einstiegsmärkte wird sich der traditionelle Unternehmer von Parametern wie Kaufkraft der Bevölkerung, Infrastruktur und Anzahl Vertriebspartner vor Ort leiten lassen. Oberstes Entscheidungskriterium des Social Entrepreneurs wird es sein, eine möglichst große Wirkung zu erzielen. In diesem Beispiel wird er ein Land mit einer besonders hohen AIDS-Rate und damit erhöhter Ansteckungsgefahr auswählen. Im Ergebnis wird zwar auch der konventionelle Kondomhersteller den Wohlstand der an seiner Firma beteiligten Personen, seien es Mitarbeiter oder Kunden, fördern. Er wird aber vor allem sein Ziel, die Steigerung seines persönlichen Wohlstandes und seines Ansehens als erfolgreicher Unternehmer, erreicht haben. Messen wird er die Erreichung dieser Ziele mit Messgrößen wie der Höhe seines Umsatzes und der Rentabilität. Dem gegenüber wird der Social Entrepreneur, bei erfolgreicher Umsetzung seines Geschäftsplans, einen weitaus größeren Einfluss auf den Wohlstand seiner Umgebung erzielt haben. So wird er den Preis für die Kondome nicht danach festlegen, dass sein Gewinn maximiert wird, sondern so, dass möglichst viele Menschen seine Kondome kaufen können. Außer monetären Ergebnissen wird er optimalerweise zusätzlich durch geeignete Kommunikation eine Aufklärung und Umdenken in der Bevölkerung erreicht haben. Er wird seinen Erfolg nicht in Rentabilitätskennzahlen messen, sondern darin, wie weit er die Ausbreitung von HIV/AIDS hat verringern können.

Dieses Beispiel zeigt, dass das Herausstellen des Typus *Social Entrepreneur* in der Motivation begründet ist. Der Social Entrepreneur wird von pro-sozialen, altruistischen Bedürfnissen geleitet. Unter diesem Gesichtspunkt gestaltet er sein Handeln und die Wirkungsweise seines Unternehmens. Worin das Besondere bei diesen beiden Aspekten liegt, darauf geht das nächsten Kapitel durch die Leitfrage: „Was ist Social Entrepreneurship?" ein.

3 Was ist Social Entrepreneurship?

Im Übrigen aber erscheinen die Tage des privaten Unternehmertums umso weniger gezählt, als seine Aufgaben noch nicht erfüllt sind.

(Lujo Brentano)

Im letzten Kapitel wurde die Entstehung von Social Entrepreneurship aufgrund der besonderen Motivation seiner Akteure erklärt. Aufbauend darauf werden in diesem Kapitel verschiedene Definitionen und Beschreibungen behandelt. Zum besseren Verständnis werden diese nach der Rolle, die der Gewinn spielt, geordnet. Diese ist auch der hauptsächliche Faktor in der Abgrenzung zu anderen Konzepten und Organisationsformen, die im zweiten Teil des Kapitels dargestellt werden.

3.1   Welche Definitionen zu dem Begriff gibt es?

Der Begriff *Social Entrepreneurship* ist relativ jung und wird erst seit ungefähr zehn Jahren vermehrt in der englischsprachigen Literatur verwendet.[3] Während im englischsprachigen Raum an Universitäten schon Forschungsbereiche und Lehrstühle zu dem Thema existieren, wird der Begriff in Deutschland erst seit ungefähr drei Jahren genauer betrachtet (vgl. STRAUCH, 2005). Demnach ist es kaum verwunderlich, dass es in der Literatur noch keine eindeutige Definition von Social Entrepreneurship gibt. In den nächsten Abschnitten werden daher verschiedene Definitionen vorgestellt. Um diese unterschiedlichen Konzepte besser einordnen zu können, wird ein Drei-Schichten-Modell als Weiterentwicklung des Schemas von PRESSE U. WERNER (2007) herangezogen (siehe Abbildung 8).

Die innerste Schicht und damit die engste Sichtweise auf Social Entrepreneurship bilden dabei gemeinnützige Organisationen ohne Gewinnerzielungsabsicht. Die nächste Schicht bilden gewinnbringende Unternehmen, die einen bestimmten sozialen Aspekt abdecken. Die weiteste Sichtweise auf Social Entrepreneurship ist die Betrachtung von allen Unternehmen, die Bedürfnisse von Menschen befriedigen und so eine soziale, die Gesellschaft betreffende Aufgabe

---

[3]   Die älteste Publikation, die der Autor dieser Arbeit zu dem Thema finden konnte, ist das Buch „Rapids of Change: Social Entrepreneurship in Turbulent Times" von THEOBALD (1987). Die meiste Literatur, die zu dem Thema existiert, stammt aber aus den letzten zehn Jahren.

wahrnehmen. Wie in Abschnitt 2.2 gezeigt, schließt dies jeden in einer Fremd-versorgungsgesellschaft tätigen Unternehmer ein.

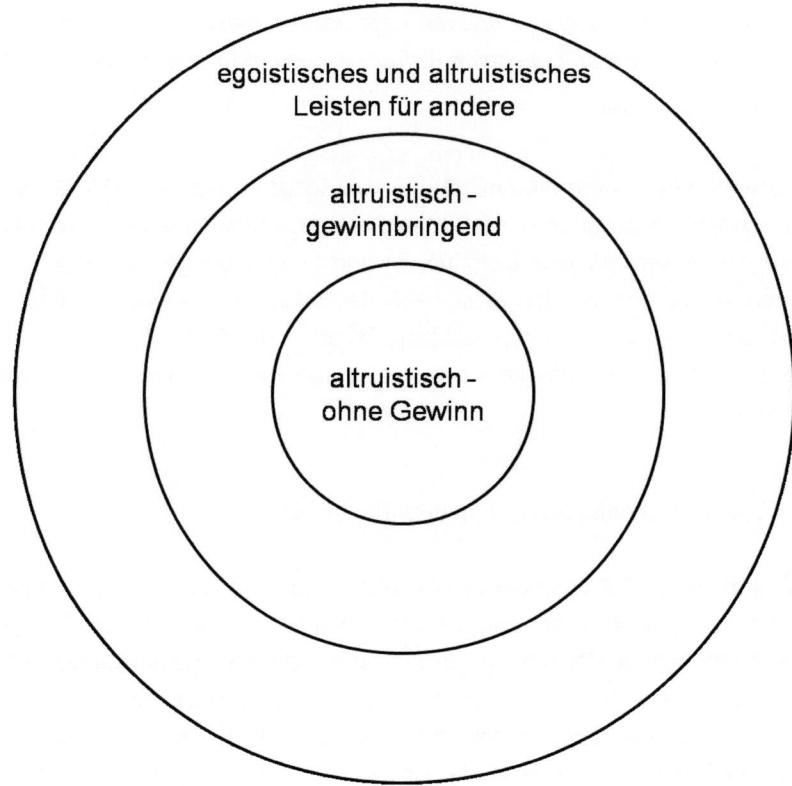

Abbildung 8: Das Modell der drei Schichten von Entrepreneurship (nach PRESSE U. WERNER, 2007)

Einer der Gründe für die verschiedenen Sichtweisen der Definitionen liegt im Verständnis des Wortes *sozial*. Im innersten Kreis in Abbildung 8 wird sozial im Sinne von sozial-karitativem Handeln betrachtet. Der mittlere Kreis umschließt auch pro-soziales Handeln mit Gewinnabsicht. Dies spiegelt wider, dass in der Öffentlichkeit oft „sozial" mit „Fürsorge", „guten Taten" und altruistischem Handeln im Allgemeinen gleichgesetzt wird. Im Sinne der Soziologie ist pro-soziales oder altruistisches Handeln aber nur eine Teilklasse von sozialem Handeln (vgl. FISCHER U. WISWEDE, 2002).

In den folgenden Abschnitten werden nun die einzelnen Sichtweisen und Definitionen behandelt, um am Ende ein umfassendes Bild von Social Entre-preneurship zu gewinnen.

3.1.1 Wie funktionieren Konzepte von *unternehmerischen Sozialorganisationen*?

DRUCKER (1986) hat sich besonders mit dem Konzept der unternehmerischen Sozialorganisation beschäftigt. Seiner Auffassung nach sollte die Betrachtung von Entrepreneurship nicht bei bestehenden Unternehmen oder Unternehmensgründungen enden, sondern auf öffentliche Einrichtungen ausgeweitet werden. Darunter fallen staatliche Einrichtungen wie Schulen und Krankenhäuser aber auch Kirchen oder Organisationen des dritten Sektors. Für Drucker sind gerade öffentliche Einrichtungen fruchtbare Felder, um mit unternehmerischem Management Innovationen anzustoßen. Seiner Meinung nach gibt es vor allem drei Hindernisse für Innovationen auf diesem Gebiet:

- Durch die Mittelverteilung nach Budgets anstatt nach Ergebnissen fehlt es an Anreizen und Erfolgsmessung.

- Es existieren oft mehrere Auftraggeber, so dass nicht einem eindeutigen Kunden gedient wird.

- Öffentliche Einrichtungen sind dazu da *Gutes zu tun*, daher fällt es ihnen oft schwer Gutes *besser* zu machen.

Drucker fordert auf, diese Hindernisse zu überwinden, indem unternehmerische Methoden auf diesem Gebiet angewendet werden. Dadurch ließe sich die oft ineffiziente Vorgehensweise von Sozialorganisationen verbessern. Mit dieser Sichtweise hat Drucker sicher eine bestimmte Problematik getroffen. Allerdings schränkt er Entrepreneurship vor allem auf Managementmethoden ein, ohne den kompletten Bereich von Motivation bis Folgen von Entrepreneurship zu betrachten.

In dem Buch „Die Welt verändern: Social Entrepreneurs und die Kraft neuer Ideen" beschreibt BORNSTEIN (2005) die Arbeit verschiedener Social Entrepreneurs, die er auf einer Reise um die Welt besucht hat. Er sieht die Wurzeln von Social Entrepreneurship in dem Aufkommen von zivilgesellschaftlichen Organisationen in den letzten 30 Jahren, etwa den Nichtregierungsorganisationen. Er beschränkt daher Social Entrepreneurship auf Organisationen aus dem dritten Sektor, den er auch als *Bürgersektor* bezeichnet. Social Entrepreneurs sind demnach Leute, die gemeinnützige Organisationen aus dem Bürgersektor antreiben, global zu wachsen und an Effizienz zu gewinnen. Sie produzieren skalierbare Lösungen für gesellschaftliche Probleme, unter anderem durch Partnerschaften mit Wirtschaftsunternehmen. Die meisten der in dem Buch beschriebenen Social

Entrepreneurs fallen daher in das Muster der engsten Definition von Social Entrepreneurship. Sie führen altruistisch handelnde, gemeinnützige Organisationen ohne Gewinnabsicht.

Eine weitere, viel zitierte Definition zu Social Entrepreneurship liefert DEES (1998). Er betrachtet Social Entrepreneurs als eine Unterart der Gattung der Entrepreneure. So beschreibt er Social Entrepreneurs als „entrepreneurs with a social mission". Seines Erachtens funktionieren Märkte nur für normale Unternehmen, nicht aber für Organisationen, die soziale Verbesserungen oder die Verteilung von öffentlichen Gütern zum Ziel haben. Die Messung der Effektivität des Ressourceneinsatzes bei Social Entrepreneurs ist deshalb seiner Meinung nach nicht möglich. Das Konzept des Social Entrepreneurships kann demnach sowohl auf gemeinnützige Organisationen zutreffen, die gewinnorientierte Unternehmen gründen, als auch auf reine Non-Profit-Organisationen. Aufbauend auf den Definitionen von Entrepreneurship durch Say, Schumpeter und Drucker gibt DEES (1998, S. 4) eine, wie er feststellt, idealisierte Definition von Social Entrepreneurship:

„Social entrepreneurs play the role of change agents in the social sector, by:

- Adopting a mission to create and sustain social value (not just private value),

- Recognizing and relentlessly pursuing new opportunities to serve that mission,

- Engaging in a process of continuous innovation, adoptation, and learning,

- Acting boldly without being limited by resources currently in hand, and

- Exhibiting heightened accountability to the constituencies served and for the outcomes created."

Nach seiner Definition sind Social Entrepreneurs oft auf Subventionen, Spenden und die Arbeit von Freiwilligen angewiesen, da sie nicht die volle Gegenleistung für den von ihnen geschaffenen Nutzen über den Markt erhalten können. Dieser Ansicht widerspricht die im nächsten Abschnitt vorgestellte Definition von YUNUS (2006b), der eine externe Unterstützung, zum Beispiel in Form von Spenden, höchstens in der Anfangsphase eines sozial orientierten Unternehmens für nötig hält und den idealen Zustand in einer finanziellen Unabhängigkeit und dadurch bedingten ökonomischen Nachhaltigkeit sieht.

3.1.2 Was versteht man unter *Social Business Enterprises* und *sozial orientierten Unternehmen*?

Der Friedensnobelpreisträger Muhammad YUNUS (2006b) führt den neuen Begriff der *Social Business Enterprise* ein. Er bemängelt, dass in herkömmlichen Beschreibungen von Kapitalismus die Aufgabe des Menschen auf eine Dimension, die Gewinnmaximierung, reduziert wird. Andere Dimensionen, wie religiöse, emotionale und politische Dimensionen menschlichen Handelns, werden von der bestehenden Wirtschaftstheorie nicht betrachtet. Diese Kritik am Konzept des *Homo oeconomicus* wird im Übrigen auch von STEHR (2007) geteilt und in Abschnitt 5.1.1 thematisiert.

Mit dem von Yunus vorgestellten Konzept von vier Kategorien von Social Entrepreneurship kann Abbildung 8 durch Abbildung 9 verfeinert werden.

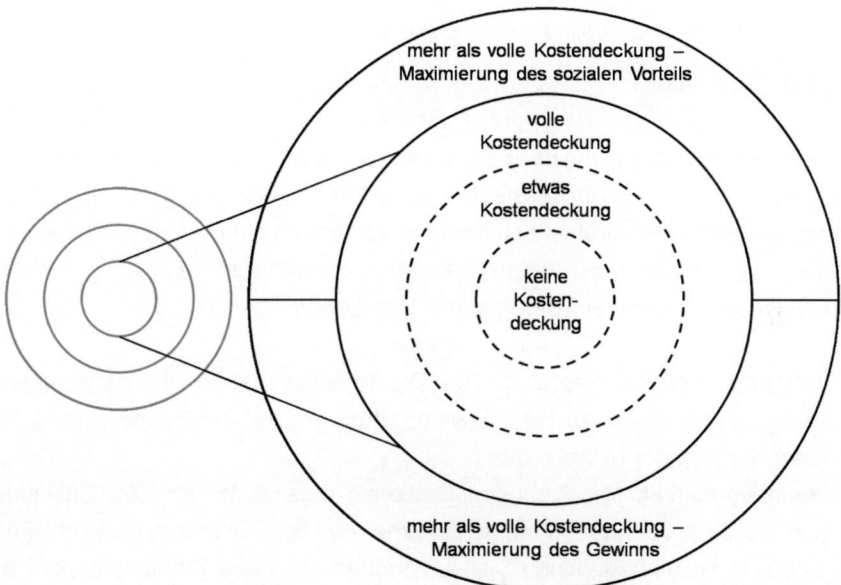

Abbildung 9: Die vier Kategorien von Social Entrepreneurship (nach YUNUS, 2006b)

Yunus beschreibt vier Kategorien von Social Entrepreneurship:

1. Keine Kostendeckung,
2. etwas Kostendeckung,
3. volle Kostendeckung,
4. mehr als volle Kostendeckung.

Diese vier Kategorien versteht er dabei als Entwicklungsstufen. Ziel eines Social Entrepreneurs sollte es sein, die vierte Stufe, den Bereich des *Social Business Entrepreneurships*, zu erreichen. Das Gegenteil dazu sieht er in gewöhnlichen gewinnmaximierenden Unternehmen. Während diese zum Ziel haben persönliche Gewinne zu erzielen, haben *Social Business Enterprises* zum Ziel den sozialen Nutzen zu maximieren.

Während in der Definition von Yunus Non-Profit-Organisationen, als eine Entwicklungsstufe, auch noch zu Social Entrepreneurship gezählt werden, betrachten BOSCHEE U. MCCLURG (2003) rentables Wirtschaften als eine notwendige Bedingung. So definieren sie den Begriff *Social Enterprise* als:

> *„Any organization, in any sector, that uses earned income strategies to pursue a double bottom line or a triple bottom line, either alone (as a social sector business) or as part of a mixed revenue stream that includes charitable contributions and public sector subsidies."*

(BOSCHEE, 2006)

Mit *double bottom line* meint er das gleichzeitige Messen an einem finanziellen und sozialen *Return on Investment*. Bei der Betrachtung der *triple bottom line* kommt als dritte Messgröße noch der positive Einfluss auf die Umwelt hinzu.

Eine weitere Definition, die in die mittlere Schicht fällt, ist die von FOWLER (2000) vorgenommene Einteilung in drei Kategorien:

> **Integrated Social Entrepreneurship:** Das Unternehmen erwirtschaftet gleichzeitig soziale und finanzielle Gewinne. Zum Beispiel die Grameen Bank mit dem Konzept der Mikrokredite.[4]
>
> **Re-interpretation:** Non-Profit-Organisationen organisieren ihr Geschäftsmodell um, so dass sie ihre Einkommensströme erweitern und diversifizieren. Zum Beispiel, indem bestehende Dienstleistungen auf neue Kundengruppen, die dafür bezahlen können, ausgeweitet werden.
>
> **Complementary Social Entrepreneurship:** Non-Profit-Organisationen haben gewinnorientierten Geschäftszweige, die die anderen Bereiche subventionieren.

Schließlich wird noch kurz auf die Definition von TAN U.A. (2003) hingewiesen, weil darin explizit auf die Verwendung des Wortes *social* eingegangen wird. Damit soll die Brücke zum nächsten Abschnitt geschlagen werden. Aufbauend

---

[4] Siehe dazu auch das Porträt der Grameen Bank in Abschnitt 4.2.3.

auf eine Definition von Entrepreneurship wird diese durch das Wort *social* in zwei Richtungen spezifiziert. Demnach erzielen Social Entrepreneurs *Gewinne für die Gesellschaft oder einen Teil von ihr* auf eine Weise, die *die Gesellschaft oder Teile von ihr involviert*. Gewinne können dabei sowohl materielle Dinge wie Geld sein, aber auch immaterielle Güter, wie eine verbesserte Gesundheitsversorgung.

3.1.3 Sind nicht alle Unternehmen sozial, im Sinne eines *Miteinander-Füreinander-Leistens*?

Wenn man nun *sozial* direkt, ohne weitere Einschränkungen, versteht, nämlich als die Interaktion mit anderen Menschen, erreicht man die am weitesten gefasste Definition von Social Entrepreneurship. In einer arbeitsteiligen Wirtschaft ist keiner mehr in der Lage, alle Dinge, die er selbst zum Leben braucht, herzustellen (vgl. STEINER, 2006). Jeder ist von anderen abhängig und arbeitet selbst wiederum für andere. Auf diese Weise entsteht ein *Miteinander-Füreinander-Leisten*. Wenn man Wirtschaft als einen sozialen Organismus sieht, ist jeder von uns *Social Entrepreneur* und unternimmt zugleich mit anderen und für andere.

> *„Erkennt man die Arbeitsteiligkeit als bestimmende Grundbedingung gegenwärtigen Wirtschaftens, dann kann die Grundfrage des Unternehmers nicht ausnahmslos lauten:* Was leiste ich für mich? *Die Wirklichkeit arbeitsteiligen Wirtschaftens fordert eine andere Frage:* Was kann ich für andere leisten?" (vgl. WERNER, 2004b, S. 5)

Durch dieses *Füreinander-Leisten* ist im Prinzip ein hohes Maß an Altruismus schon im Wirtschaftsleben vorhanden. Dabei handelt es sich aber zunächst um einen *funktionalen* Altruismus (vgl. WERNER, 2004b). Erst wenn aus diesem funktionalen Altruismus ein moralischer Altruismus wird, kann, den Beispielen in der Literatur folgend, von Social Entrepreneurship gesprochen werden. Wie schon in Abschnitt 2.4 beschrieben, sind demnach alle Entrepreneure funktional gesehen sozial. Der entscheidende Unterschied liegt in der Motivation und der dadurch ausgelösten Wirkungsweise der Unternehmung. Daher lässt sich feststellen, dass alle Unternehmen in der gegenwärtigen Wirtschaft sozial im Sinne eines *Leistens für andere* sind, nicht aber sozial in einem moralischen, ethischen Sinne.

3.2 Welche Abgrenzungen und Überschneidungen zu anderen Gebieten bestehen?

In den Definitionen der vorausgegangenen Abschnitte wurde Social Entrepreneurship über die einzelnen Wortdefinitionen theoretisch beschrieben. Von den Kern-Definitionen ausgehend werden nun in den nächsten Abschnitten die Randbereiche untersucht. Dabei wird der Begriff durch das Aufdecken von Schnittmengen und Unterschieden zu anderen Konzepten und Bereichen weiter konkretisiert.

3.2.1 Sind Gemeinnützigkeit und Non-Profit Voraussetzung für Social Entrepreneurship?

Während Non-Profit ein allgemeiner Begriff ist, der aus dem Englischen kommend auch im Deutschen verwendet wird, liegt der Bezeichnung *Gemeinnützigkeit* eine konkrete rechtliche Definition zu Grunde. Nach §52 AO[5] verfolgt eine Körperschaft „gemeinnützige Zwecke, wenn ihre Tätigkeit darauf gerichtet ist, die Allgemeinheit auf materiellem, geistigem oder sittlichem Gebiet selbstlos zu fördern." Das Gesetz listet 25 Bereiche auf, die als gemeinnützig anerkannt werden, darunter „die Förderung von Wissenschaft und Forschung", „die Förderung der Religion" und „die Förderung von Kunst und Kultur". Dabei muss die Tätigkeit selbstlos sein, indem „nicht in erster Linie eigenwirtschaftliche Zwecke – zum Beispiel gewerbliche Zwecke oder sonstige Erwerbszwecke – verfolgt werden" (siehe §53 AO). Wird eine Körperschaft, zum Beispiel ein Verein oder eine GmbH, vom Finanzamt als gemeinnützig anerkannt, so genießt sie einige Vorteile. Beispielsweise ist sie von der Gewerbe- und Körperschaftssteuer befreit (§5 KStG[6]) und Spenden für gemeinnützige Körperschaften können nach §10b EStG[7] steuerlich geltend gemacht werden. Gemeinnützigkeit als rechtlich definierter Begriff, der darüber hinaus Erwerbszwecke explizit ausschließt, eignet sich kaum als Voraussetzung für Social Entrepreneurship.

Der mit Gemeinnützigkeit verwandte Begriff Non-Profit tauchte in den Definitionen in Abschnitt 3.1 schon an einigen Stellen auf. Im Prinzip bildet das

---

[5] Abgabenordnung in der Fassung der Bekanntmachung vom 1. Oktober 2002 (BGBl. I S. 3866; 2003 I S. 61), zuletzt geändert durch Artikel 5 des Gesetzes vom 13. Dezember 2007 (BGBl. I S. 2897).

[6] Körperschaftsteuergesetz in der Fassung der Bekanntmachung vom 15. Oktober 2002 (BGBl. I S. 4144), zuletzt geändert durch Artikel 3 des Gesetzes vom 10. Oktober 2007 (BGBl. I S. 2332).

[7] Einkommensteuergesetz in der Fassung der Bekanntmachung vom 19. Oktober 2002 (BGBl. I S. 4210; 2003 I S. 179), zuletzt geändert durch Artikel 1 des Gesetzes vom 20. Dezember 2007 (BGBl. I S. 3150).

Non-Profit Konzept die engste Sichtweise auf Social Entrepreneurship (also die innerste Schicht in Abbildung 8). Allerdings handelt es sich hierbei nur um Überschneidungen, da das Feld der Non-Profit-Organisationen (NPO) viel weiter ist. Tabelle 1 zeigt die verschiedenen Bereiche von NPOs.

Trägerschaft		Arten, Typen
Staatliche NPO	Gemeinwirtschaftliche NPO	Öffentliche Verwaltungen, öffentliche Betriebe
Halbstaatliche NPO	Öffentlich-rechtliche Selbstverwaltungs-Körperschaften	Kammern
Private NPO	Wirtschaftliche NPO	Genossenschaften, Berufsverbände, Arbeitnehmerorganisationen
	Soziokulturelle NPO	Kirchen, Sportvereine, Privatclubs
	Politische NPO	Umweltschutzverbände, Organisierte Bürgerinitiativen, Politische Parteien
	Soziale NPO	Entwicklungshilfeorganisationen, Wohlfahrtsinstitutionen

Tabelle 1: Übersicht der Formen von Non-Profit-Organisationen (verkürzte Tabelle nach STREIM, 2002)

Bei der Betrachtung von Non-Profit, besonders in der englischsprachigen Literatur, taucht häufig auch der Begriff *Not-for-Profit* auf. HOPKINS (2004) stellt fest, dass beide Begriffe gleichwertig verwendet werden, obwohl sie eigentlich unterschiedliche Sachen beschreiben. Not-for-Profit steht eher für ein Hobby, während Non-Profit der richtige Begriff für Organisationen ist, die keine Gewinne an ihre Mitglieder oder Träger ausschütten dürfen.

Die Non-Profit-Organisationen werden häufig zu dem so genannten *Dritten Sektor* zusammengefasst. Anstatt des Begriffs *Dritter Sektor* oder *Non-Profit Sektor* werden in letzter Zeit auch immer häufiger die jedoch mehrdeutigen und weitreichenderen Begriffe *Bürgergesellschaft* oder *Zivilgesellschaft* gewählt (siehe WEX, 2002).

Ob Non-Profit nun Bedingung oder aber sogar Ausschlusskriterium für Social Entrepreneurship ist, darüber scheiden sich die Meinungen in der Literatur. Die Vermutung aufgrund dieser widersprüchlichen Definitionen lautet, dass der

Non-Profit-Charakter weder Voraussetzung noch Ausschlusskriterium für Social Entrepreneurship ist. Sie wird vom CANADIAN CENTER FOR ENTREPRENEURSHIP (2001) bestätigt: „Social entrepreneurs are leaders in the field of social change, and can be found in the private, public and not-for-profit sectors."

3.2.2 Was unterscheidet Social Entrepreneurship von Corporate Social Responsibility und sozialem Unternehmertum?

Welche Überschneidungen gibt es mit Corporate Social Responsibility?

Die Europäische Kommission definiert *Corporate Social Responsibility* (CSR) als „ein Konzept, das den Unternehmen als Grundlage dient, auf freiwilliger Basis soziale Belange und Umweltbelange in ihre Unternehmenstätigkeit und in die Wechselbeziehungen mit den Stakeholdern zu integrieren" (EUROPÄISCHE KOMMISSION, 2001). Auf Basis dieser Definition und den Definitionen von Social Entrepreneurship in Abschnitt 3.1 erkennt man rasch die Unterschiede zwischen CSR und Social Entrepreneurship. Ersteres ist ein nachgelagertes Konzept, wie Unternehmen sich neben ihrer normalen Geschäftstätigkeit um soziale Belange kümmern. Dies geschieht zum Beispiel durch Spenden für Hilfsorganisationen gegen Hunger, zur Verschönerung von Gemeinden, für Alphabetisierungskampagnen oder für Umweltschutzbemühungen (vgl. SMITH, 1994). Im Unterschied dazu ist Social Entrepreneurship Kerngeschäft eines sozial orientierten Unternehmens. Es wird nicht nebenher betrieben, wenn etwa gerade Mitarbeiter Zeit haben oder die Gewinne besonders hoch sind. Jedes Unternehmen kann sich freiwillig entscheiden, ob es sich nach CSR Richtlinien verhält oder nicht, ohne dabei sein eigentliches Kerngeschäft zu berühren. Ein sozial orientiertes Unternehmen richtet seine kompletten Produkte, seine Prozesse und sein Handeln an den gesteckten sozialen Zielen aus. Trotzdem wird Social Entrepreneurship oft mit CSR in Verbindung gebracht, beziehungsweise die Möglichkeiten betont, die eine Zusammenarbeit von Social Entrepreneurs mit Unternehmen im Rahmen von CSR-Programmen bieten (siehe WADDOCK U. POST, 1995).

BAKAN (2005) erklärt, dass die Geschichte des Konzepts der sozialen Verantwortung von Unternehmen weit zurück reicht. Dabei gewann es meistens dann an Bedeutung, wenn die Macht der Konzerne als zu drückend empfunden wurde oder Wirtschaftskrisen das Vertrauen in diese Institutionen sinken ließen. So erlebte es in den USA in den 1930er Jahren, ausgelöst von der Weltwirtschaftskrise, eine Blütezeit. Einen weiteren Höhepunkt fand die Diskussion in den 1970ern.

„The Social Responsibility of Business is to Increase its Profits."
(FRIEDMAN, 1970)

In seinem viel beachteten Aufsatz für die New York Times im Jahr 1970 beschreibt Friedman, dass Unternehmen ihrer Aufgabe dann am besten gerecht werden, wenn sie ihren Gewinn maximieren, den dann wiederum die Investoren ihrem Gewissen folgend einsetzen können. Seiner Meinung nach können nur Menschen eine Verantwortung haben, nicht aber Unternehmen.

Die Diskussion mündete in dem Streit zwischen *Shareholder Value* und *Stakeholder Value* Ansatz. Ersterer befürwortet die Fokussierung eines Unternehmens auf die Interessen der Kapitalgeber, letzterer die Integration der Interessen aller am Unternehmen beteiligter Personen. Außer den Investoren sind dies auch Mitarbeiter, Kunden, Zulieferer und die Gemeinden, in denen das Unternehmen tätig ist.

Der Shareholder Value Ansatz wurde in den folgenden Jahren oft kritisiert. Bei der Betrachtung der aktuell (über die PR-Abteilungen) verbreiteten Politik von Großkonzernen stellt man fest, dass sich heutzutage fast kein Unternehmen einer gewissen sozialen Verantwortung entziehen kann. Allerdings erklärt BAKAN (2005), dass Kapitalgesellschaften auch heute noch gesetzlich an die Verpflichtung zur Maximierung des Gewinns für die Aktionäre gebunden sind. Ein Vorstandsvorsitzender macht sich theoretisch strafbar, wenn er Geld für soziale Zwecke ausgibt, die er nicht durch positive Rückwirkung auf das Unternehmen begründen kann.

Unternehmen haben aber entdeckt, dass sich mit Corporate Social Responsibility das öffentliche Image und langfristig auch die Umsatzentwicklung verbessern lassen. Während es inzwischen für große Konzerne zum Standard gehört, durch Sponsoring kultureller und sozialer Zwecke Werbung zu betreiben, betrachten einige Unternehmen *Corporate Philanthropy* sogar als strategische Aufgabe. PORTER U. KRAMER (2002) gehen davon aus, dass Firmen, die ihre Wohltätigkeitsaktivitäten strategisch auslegen, sich dadurch einen Wettbewerbsvorteil verschaffen können. So sichert ein IT-Konzern, der Schulen mit Netzwerkausrüstung unterstützt und Lehrer fortbildet, neben dem gesellschaftlichen Mehrwert einer besseren Schulbildung langfristig auch den eigenen Nachwuchs an Arbeitskräften.

Abbildung 10 zeigt die Empfehlungen von Porter u. Kramer für einen optimalen Einsatz von Unternehmensmitteln für soziale Zwecke. Hierbei wird das

Bild einer Leiter benutzt, auf der Unternehmen mit jeder Sprosse die Effizienz ihrer CSR-Aktivitäten erhöhen können. Dabei werden die folgenden Stufen vorgeschlagen:

1. Auswahl der besten Organisationen als Mittelempfänger durch einen ausführlichen Beurteilungs- und Kontrollprozess,

2. Veröffentlichung der effizientesten Non-Profit-Organisationen, um so auch andere Unternehmen als Unterstützer zu gewinnen,

3. Verbesserung der Leistungen der Mittelempfänger zum Beispiel durch Know-how Transfer oder dem Ausnutzen des Unternehmensnetzwerks,

4. Gemeinsame Entwicklung von Innovationen für neue Lösungen im Non-Profit-Bereich.

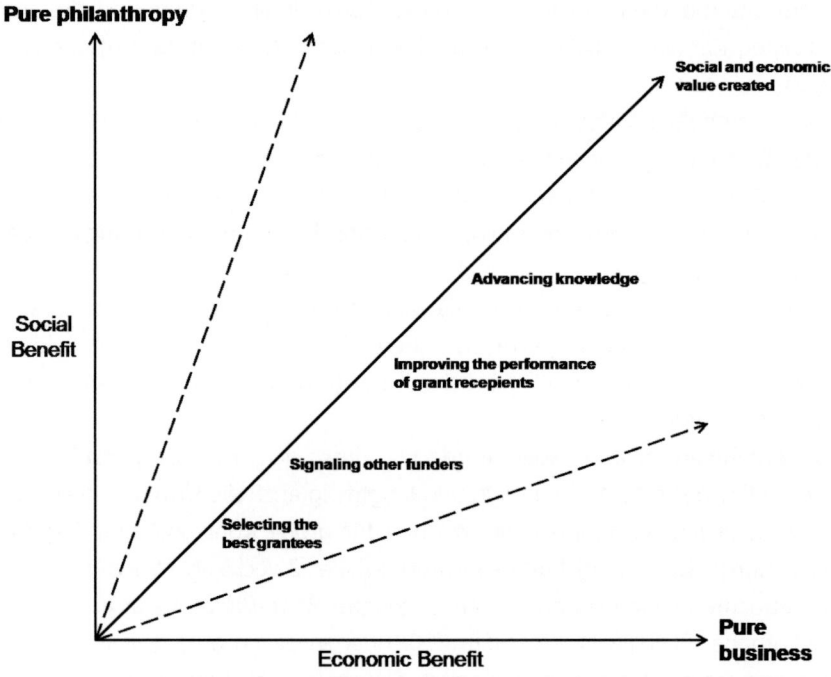

Abbildung 10: Maximizing Philanthropy's Value (nach PORTER U. KRAMER, 2002)

Zweifellos stellt dieser Ansatz eine Verbesserung der Effizienz gegenüber einem reinen Sponsoring von Firmenseite dar. Trotzdem ist ein durch Spenden finanzierter Ansatz nicht *nachhaltig*, da diese freiwilligen Leistungen jederzeit, je nach Wirtschaftssituation, zurückgezogen werden können. Auf diese Weise können Non-Profit-Organisationen die finanzielle Grundlage für ihre Leistungen verlieren. Unternehmen sollten, statt Geld zu spenden, in Social Enterprises investieren. Dadurch entstünde ein echter Wettbewerb um die besten und effizientesten Lösungskonzepte für soziale Probleme und damit tatsächliche *nachhaltige Entwicklung*. Dieses Potenzial in der Zusammenarbeit von Konzernen und Social Entrepreneurs veranschaulicht Abbildung 11 (SEELOS U. MAIR, 2006)[8].

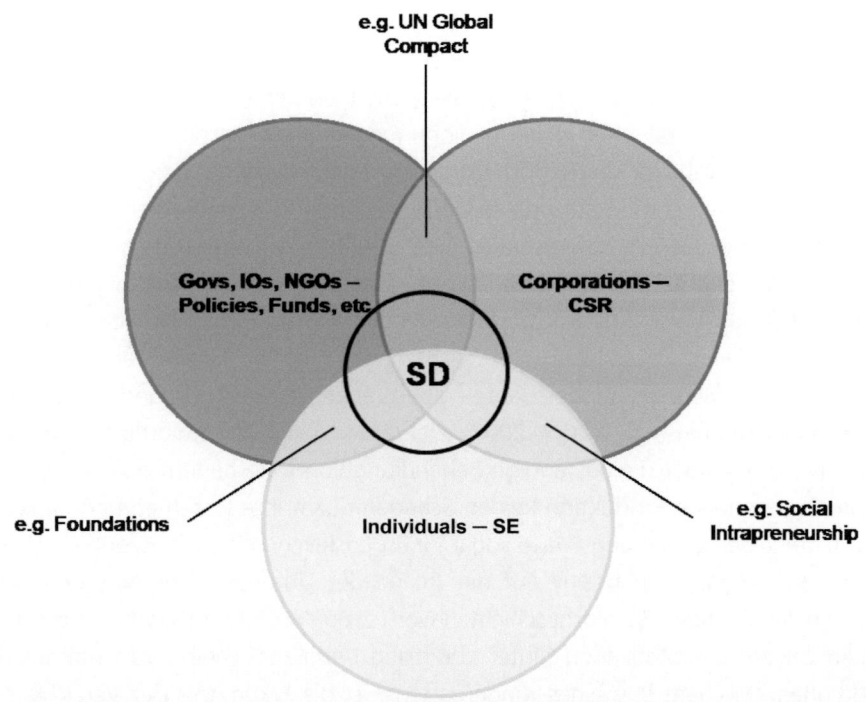

Abbildung 11: Social Entrepreneurship und Sustainable Development (vgl. SEELOS u. MAIR, 2006)

---

[8] SEELOS U. MAIR (2006) sehen in der Zusammenarbeit zwischen CSR-Programmen von Unternehmen und Social Entrepreneurs das größte Potenzial. Interessant ist hier auch die Abgrenzung, dass Social Entrepreneurs Einzelpersonen sein müssen, was dem Gedanken, dass diese erfolgreiche und eigenständige sozial orientierte Unternehmen aufbauen können, widersprechen würde. Weiteres Potenzial sehen sie in der Kooperation von internationalen Organisationen und Social Entrepreneurs, zum Beispiel die Unterstützung mit Gründungskapital durch Stiftungen. Außerdem stellen sie das Netzwerk UN Global Compact als Beispiel für den Austausch zwischen internationalen Organisationen und Unternehmen vor.

Was unterscheidet sozial orientierte Unternehmen von sozialen Unternehmen?

Während der Begriff *Social Entrepreneur* manchmal mit *sozialer Unternehmer* übersetzt wird, bevorzugt der Sprachgebrauch dieser Arbeit den Begriff *sozial orientierter Unternehmer*. Sozial orientierte Unternehmen sind einerseits eine Abgrenzung gegenüber *gewinnorientierten Unternehmen* die ihren Erfolg in Umsatz- und Rendite-Kennzahlen messen, andererseits aber auch eine Abgrenzung zum Bereich der *nicht-gewinnorientierten Unternehmen*, die per Definition keine Gewinne anstreben. Der *soziale Unternehmer* wiederum wird hier eher im Sinne des *sozialen Kapitalisten*, wie ihn KOCH (2007) beschreibt, gesehen. Diese Unternehmer haben sich im Vergleich zum Durchschnitt besonders hohe ethische Grundsätze gesetzt. Trotzdem versuchen Sie aber ihre Gewinne, unter Beachtung der moralischen Nebenbedingungen, zu maximieren.

Schon lange bevor der Begriff *Corporate Social Responsibility* modern wurde, haben Unternehmen auf unterschiedliche Weise ihre soziale Verantwortung gegenüber der Gesellschaft getragen. Im Vergleich zu öffentlich gehandelten Aktiengesellschaften, die meist dem Ansatz des *Shareholder Value* folgen, ist es besonders bei Firmen in Privatbesitz wie Familienunternehmen einfacher, *soziales Unternehmertum* zu leben. Ein Beispiel hierfür ist die Familie Faber-Castell, die schon vor mehr als hundert Jahren eine Krankenversicherung und Kindergärten gegründet hat (vgl. KOCH, 2007). Ziel dieser sozial verantwortlichen Unternehmer ist es, über die anständige Behandlung von Mitarbeitern oder eine ressourcenschonende Produktion keinen Schaden durch ihre Unternehmertätigkeit zu hinterlassen beziehungsweise sogar einen positiven Einfluss auszuüben. Dies wirkt sich meist auch positiv auf das Image des Unternehmens aus, was die häufig langfristigen Erfolgsgeschichten von sozial verantwortlichen Unternehmen zeigen. Die Motivation hinter kurzfristig betrachtet meist nicht rentablen Aktionen, wie dem Bau eines Kindergartens, ist die Erkenntnis der Verantwortung für die Gesellschaft. Diese ergibt sich aus der privilegierten Stellung dieser Unternehmer, die der Gesellschaft, auf Basis derer sie ihren Erfolg aufbauen konnten, etwas Gutes tun wollen. Diese Verantwortung ist im deutschen Grundgesetz (GG[9]) § 14,2 verankert. Darin heißt es: „Eigentum verpflichtet. Sein Gebrauch soll zugleich dem Wohle der Allgemeinheit dienen".

Im Grunde spiegelt ethisches Unternehmertum am ehesten die Bedürfnisse von Menschen wider. Viele wollen zwar ihre egoistischen Bedürfnisse befriedigen, aber nicht um jeden Preis. So kann eine salopp formulierte Nebenbedingung für ethische Unternehmen heißen: „*Gewinnmaximierung unter der*

---

[9] Grundgesetz für die Bundesrepublik Deutschland in der im Bundesgesetzblatt Teil III, Gliederungsnummer 100-1, veröffentlichten bereinigten Fassung, zuletzt geändert durch das Gesetz vom 28. August 2006 (BGBl. I S. 2034).

Nebenbedingung nachts noch ruhig schlafen zu können". Die „Moralisierung der Märkte" (siehe STEHR, 2007) bewirkt ein öffentliches Gutheißen von sozialem Unternehmertum. Der große Unterschied von sozial verantwortlichen Unternehmern zu Social Entrepreneurs ist vor allem in der Zielsetzung und Zielerreichung begründet. Während Social Entrepreneurs ein gesellschaftliches Problem erkennen und direkt angehen, sind soziale Unternehmer eher sozial im Sinne von sozial-karitativem Engagement. Auch sie wollen der Gesellschaft ein Stück weit dienen, dabei machen sie aber die Befriedigung des Bedürfnisses nicht zum eigentlichen Ziel ihres Unternehmens. Auf diese Weise ist die Lösung nur begrenzt nachhaltig und skalierbar. Vielmehr beschränkt sie sich auf einen bestimmten Personenkreis, der meist nicht nach Bedürftigkeit, sondern eher nach der Relevanz für das Kerngeschäft des Unternehmens ausgesucht wurde. Die Aktivitäten werden dann meist auf der Kostenseite des Unternehmens abgebucht, statt ein auch finanziell nachhaltiges Modell zu entwerfen. Schwierig wird es dann, wenn das Unternehmen in eine Drucksituation gerät. In diesem Fall müssen die hohen moralischen Standards eventuell wieder verringert werden. Das bedeutet auch, dass sie manchmal je nach Konjunktur angepasst werden. Ein Beispiel hierfür ist die von KOCH (2007) porträtierte Firma Wilkhahn. Dort wurde, nachdem der Firmenwert im Wirtschaftswunder in den 1950ern und 1960ern stark gestiegen war, ab 1971 eine Gewinnbeteiligung für die Mitarbeiter festgelegt. Diese erhielten fortan 50 Prozent des Gewinns in Form von Mitarbeiteranteilen. Als die Firma in eine Krise geriet, wurde diese Betriebsvereinbarung wieder gekündigt.

Um auf das Beispiel des Kindergartens zurückzukommen: Der soziale Unternehmer würde einen Kindergarten bauen, der nahe bei seiner Fabrik liegt, so dass vor allem Mitarbeiter dort ihre Kinder betreuen lassen können, während sie für ihn arbeiten. Ein Social Entrepreneur würde die Zielgruppe nach Bedürftigkeit aussuchen, also in diesem Beispiel eine Gemeinde, die eine geringe Abdeckung an Kindergartenplätzen hat. Auf das Bedürfnis nach günstigen Kindergartenplätzen würde er ein Geschäftsmodell konstruieren, das es ihm erlaubt, kostengünstig einen Kindergarten zu betreiben, der bestmögliche Erziehung garantiert und sich dabei selbst trägt. Ein Beispiel dafür konnte der Autor im indischen Bundesstaat Gujarat besichtigen. Dort hat der Betreiber des Kindergartens und der Gesamtschule *Eclavya* sich zum Ziel gesetzt, dass 25 % der Schüler aus den ärmsten Familien kommen. Deren Schulgebühren werden durch die der anderen Schüler subventioniert. Zur Erreichung der Zielgruppe der ärmsten Familien, die ihre Kinder normalerweise überhaupt nicht in den Kindergarten oder die Schule schicken würden, kommen speziell entwickelte Werbemaßnahmen zum Einsatz.

3.2.3 Warum kann Social Entrepreneurship mehr leisten als staatliche Wohlfahrt und Wohltätigkeit?

Wie das Beispiel des vorigen Abschnittes gezeigt hat, stützen viele Firmen ihr soziales Engagement auf den Gedanken der *Wohltätigkeit*, auf Englisch *Charity*. Hinzu kommen Privatpersonen, die durch wohltätige Spenden sozial benachteiligten Menschen helfen wollen, und der Staat, der die *Wohlfahrt* seiner Bevölkerung sicherstellt. Diese Praxis ist keinesfalls neu; schon im alten Ägypten und Griechenland galt es als Tugend, meist aus religiösen Gründen, Almosen an Arme und Hungernde zu geben (vgl. BOLKENSTEIN, 1979).

Aber auch heutzutage ist Wohltätigkeit aktuell. Laut statistischem Bundesamt spendeten die Deutschen im Jahr 2001 insgesamt 2,9 Milliarden Euro, was im Schnitt 103 Euro je Steuerpflichtigem entspricht (vgl. BUSCHLE, 2006). Ein Großteil der Spenden ging dabei an gemeinnützige Zwecke (vgl. Abschnitt 3.2.1). Im europäischen Vergleich liegt Deutschland im Mittelfeld, was die Spendenbereitschaft betrifft. Im internationalen Vergleich lässt sich feststellen, dass Länder mit einem wenig ausgeprägten Sozialstaat, wie Großbritannien oder USA, einen stärkeren Dritten Sektor und ein höheres Spendenaufkommen aufweisen (siehe PRILLER, 2007).

Organisationen, die sich durch Spenden finanzieren, stehen unter besonderem Druck der Öffentlichkeit, was Transparenz und Effizienz der eingesetzten Mittel betrifft. Dies bestätigt der Skandal um *UNICEF Deutschland*.[10]

Aber nicht nur große Skandale zeigen die Schwächen von wohltätigen Non-Profit-Organisationen. Laut einem Bericht der Unternehmensberatung McKinsey verloren amerikanische Non-Profit-Organisationen im Jahr 2003 geschätzte 100 Milliarden US-Dollar aufgrund von Ineffizienz. Hinzu kommt, dass 20 Prozent aller Spendengelder wieder eingesetzt werden müssen, um neue Spenden anzuwerben (vgl. FINN, 2005). In Deutschland spielen im wohltätigen Bereich die Kirchen eine wichtige Rolle. Diese konnten zwar eine gewisse Grundstruktur, die für eine erfolgreiche Sozialarbeit wichtig ist, aufbauen, jedoch können diese Strukturen auch hinderlich sein, wenn Flexibilität und Anpassungsfähigkeit gefragt sind (vgl. STRAUCH, 2005).

Häufig basieren wohltätige Organisationen noch auf dem Konzept der Karitas oder Charity, die sich vom lateinischen Wort *caritas* ableiten. Sie verweisen auf Mitgefühl und Mitleid für andere, das durch wohltätige Gaben gestillt wird. Diese Spenden können nur eine vorübergehende Hilfe darstellen, bekämpfen

---

[10] Vgl. dazu zum Beispiel die Pressemitteilung des *Deutschen Zentralinstituts für soziale Fragen*, in der dieses die Aberkennung des Spendensiegels für UNICEF Deutschland bekannt gegeben hat: http://www.dzi.de/DZI-PM-UNICEF200208.pdf, Abruf: 05.03.2008.

aber nicht die Gründe für die Missstände und erzeugen Abhängigkeiten von den Gebern (vgl. DEES, 2007).

TUCKMAN (1984) beschreibt die Gründe für die Ineffizienz von staatlicher Wohlfahrt. Zuerst werden aufgrund fehlenden Wettbewerbs die Bedürfnisse der Bürger nicht richtig oder nicht optimal erfasst. Als Nächstes entstehen wegen fehlender Anreize bei der Erbringung der Leistung Ineffizienzen. Schließlich wird mit der Leistung oft nicht die richtige Zielgruppe erreicht. Außer dem Vorwurf der Ineffizienz wird auch die Effektivität bisheriger Systeme in Anbetracht dauernder und sogar größer werdender sozialer Problem in Frage gestellt (vgl. DEES, 2007).

Angesichts der offensichtlichen Mängel von Wohlfahrt und Wohltätigkeit werden hier auf die Frage: *„Warum kann Social Entrepreneurship mehr leisten als Wohlfahrt und Wohltätigkeit?"* vier Thesen formuliert:

1. Wohlfahrt und Wohltätigkeit erfüllen in einigen Bereichen ihre Ziele nicht oder nur ineffizient.

2. Durch Kooperation mit oder Substitution durch Social Entrepreneurship kann an Effizienz und Effektivität gewonnen werden.

3. Aufgaben, die die Grundrechte der Bürger anbelangen, kann weiterhin der Staat am besten erfüllen.

4. Aufgaben, die aus moralischer Verpflichtung heraus übernommen werden sollten, können oft durch Social Entrepreneurship nachhaltiger und effektiver erledigt werden.

Die erste These sollte schon in diesem Abschnitt hinreichend belegt worden sein. Die zweite These wird in Abschnitt 5.1.3 diskutiert. Die Einteilung der dritten und vierten These nach Grundrechten und moralischer Verpflichtung basiert auf den im Grundgesetz festgehaltenen Aufgaben des Staates. Darin werden an verschiedenen Stellen die sozialen Aufgaben und Pflichten des Staates beschrieben. Die genaue Ausgestaltung dieser Verpflichtungen liegt dabei in einem weiten Spielraum des Gesetzgebers und soll nicht Thema dieser Arbeit sein.[11] Darüber hinausgehende moralische Verpflichtungen wurden bisher auf freiwilliger Basis vom Staat oder Non-Profit-Organisationen übernommen. Die immer größer werdende soziale Ungleichheit in Deutschland, aber auch international gesehen, lässt auf eine unzureichende Erfüllung dieser Verpflichtungen schlie-

---

[11] Siehe hierzu unter anderem die Diskussion zu öffentlichen Gütern, die von MAIBAUER (2006) beschrieben wird.

ßen.[12] Die fehlende Nachhaltigkeit von durch Spenden finanzierten Projekten und Organisationen wird immer häufiger von Leuten aus der Praxis bestätigt. So sagt Ira Magaziner, Vorsitzender der *Clinton Foundation*, der Stiftung des ehemaligen US-Präsidenten Bill Clinton, zu dem Stiftungsprogramm, das Entwicklungsländern mit günstiger Medizin gegen AIDS helfen will: „To be sustainable, this can't be a charitable act" (RAUCH, 2007). Wie Social Entrepreneurship zu einer besseren Erfüllung moralischer Verpflichtungen beitragen kann, wird in Abschnitt 5.1.3 diskutiert.

3.2.4 Welche Überschneidungen gibt es zu Genossenschaften?

Die Bedeutung des Wortes Genossenschaft geht auf die Wörter *Ge* und *Noz* zurück. *Ge* steht für Gemeinschaft und *Noz* ist althochdeutsch für *Vieh*. Der Genosse hat also Anteil am Vieh oder der Viehweide (vgl. BONUS, 1994).

In der heutigen Zeit kommen Genossenschaften aber nicht nur in der Landwirtschaft, sondern auch in anderen Bereichen vor. Unterscheiden muss man bei der Betrachtung der Genossenschaft zwischen der Rechtsform, in Deutschland die eingetragene Genossenschaft (*eG*), und der Wirtschaftsform. Letztere ist international unter dem englischen Begriff *Cooperative* bekannt. Die Wurzeln des aktuell in Deutschland gültigen Genossenschaftsgesetzes gehen bis ins Jahr 1867 zurück. Als Väter des Genossenschaftswesens in Deutschland gelten *Hermann Schulze-Delitzsch* und *Friedrich Wilhelm Raiffeisen*[13] (vgl. ZERCHE U.A., 1998).

DER INTERNATIONALE GENOSSENSCHAFTSBUND (1996), die Dachorganisation von 225 Genossenschaftsverbänden aus 80 Ländern, hat eine Definition sowie sieben Grundlegende Merkmale von Genossenschaften aufgestellt:

> *„Eine Genossenschaft ist eine selbständige Vereinigung von Personen, die sich auf freiwilliger Basis zusammenschließen, um ihre gemeinsamen wirtschaftlichen, sozialen und kulturellen Bedürfnisse zu befriedigen und ihre Vorstellungen in einem Unternehmen zu verwirklichen, das ihnen allen gemeinsam gehört und demokratisch geleitet wird. "*

---

[12] Siehe dazu VEHRKAMP (2006), BERGER U. KONIETZKA (2001) und DEUTSCHER BUNDESTAG (2002).

[13] Siehe auch das Porträt in Abschnitt 4.2.1.

Dabei gelten folgende Grundsätze:

1. Freiwillige und offene Mitgliedschaft,

2. Demokratische Entscheidungsfindung durch die Mitglieder,

3. Wirtschaftliche Mitwirkung der Mitglieder,

4. Autonomie und Unabhängigkeit,

5. Ausbildung, Fortbildung und Information,

6. Kooperation mit anderen Genossenschaften,

7. Vorsorge für die Gemeinschaft der Genossenschaft.

Bedeutende Prinzipien von Genossenschaften sind die Selbsthilfe, Selbstverwaltung und Selbstverantwortung. „Die Mitglieder einer Genossenschaft wollen in solidarischer Selbsthilfe ihre gemeinsamen Interessen verfolgen" (ZERCHE U.A., 1998, S. 11). Diese Eigenschaft ist es vermutlich, die die Genossenschaft zu einer beliebten Organisationsform für sozial orientierte Unternehmen macht. Dabei passt aber nicht jede Genossenschaft automatisch in das Konzept von Social Entrepreneurship. Durch die Beschränkung auf den Kreis der Mitglieder hängt es sehr davon ab, ob diese in die Zielgruppe von sozial benachteiligten Personen fallen.

Die Einteilung hängt überdies von der sozialen Lage im Land der Genossenschaft ab. In einem entwickelten Land, wie den USA, wo im Jahr 1991 28 Prozent aller landwirtschaftlichen Produkte von landwirtschaftlichen Genossenschaften vertrieben wurden (vgl. HANSMANN, 1996), würden solche Genossenschaften aufgrund des ausgeprägten Wettbewerbs und stabilen Marktes wohl nicht in den Bereich des Social Entrepreneurships eingeordnet werden. In einem Entwicklungsland, in dem Bauern in einem ungerechten Verhältnis zu Abnehmern stehen und von diesen ausgebeutet werden, würde die Formung einer Genossenschaft aber eventuell als soziale Innovation im Sinne von Social Entrepreneurship betrachtet werden und helfen ein soziales Ungleichgewicht auszugleichen. So taucht die genossenschaftliche Organisationsform auch in einigen Beispielen aus Entwicklungsländern in Abschnitt 4.2.3 sowie Beispielen aus der Geschichte in Abschnitt 4.2.1 auf.

ZERCHE U.A. (1998) erklären, warum in Deutschland heutzutage kein Zusammenhang mehr zwischen Genossenschaften und Gemeinnützigkeit oder Gemeinwirtschaft hergestellt wird, während das in der Geschichte noch durchaus der Fall war. Dazu führten Skandale, wie der Zusammenbruch des Wohnungsbauunternehmens *Neue Heimat* oder das Scheitern der *Co-op AG*.

ZERCHE U.A. (1998, S. 112) unterscheiden in der Theorie vier idealtypische Prinzipien, die sich aber, wie es bei Social Entrepreneurship der Fall ist, in der Praxis überschneiden:

- Das **erwerbswirtschaftliche Prinzip** kennzeichnet das Streben nach persönlichem materiellen Wohlstand und Vorteil.

- Das **genossenschaftliche Prinzip** ist eine Verhaltensmaxime für eine Organisation, die auf Förderung der Wirtschaftsbetriebe oder Haushalte der Genossenschaftsmitglieder durch den gemeinschaftlichen Geschäftsbetrieb abzielt.

- Das **gemeinwirtschaftliche Prinzip** stellt ab auf die Erfüllung gesamtwirtschaftlicher Aufgaben, entweder durch die Widmung monetärer Überschüsse aus der Geschäftstätigkeit oder durch die Leistung selbst.

- Das **Prinzip der Gemeinnützigkeit** kennzeichnet eine Verhaltensmaxime, die auf die Erfüllung der ausschließlich und unmittelbar die Allgemeinheit fördernden Zwecke zielt."

3.2.5 Warum taucht der Begriff so oft im Zusammenhang mit Entwicklungszusammenarbeit auf?

Wie schon im vorigen Abschnitt gesehen, ist ein Bereich, in dem der Begriff *Social Entrepreneurship* besonders oft auftaucht, die Entwicklungszusammenarbeit. Warum gerade in diesem Bereich das Konzept als besonders erfolgsversprechend gilt, hat verschiedene Gründe. Zum einen ist in Entwicklungsländern naturgemäß die Unterdeckung der Grundbedürfnisse besonders groß (vgl. DAVIS, 2002). Hier wurde erkannt, dass Social Entrepreneurship eine besonders innovative Form der nachhaltigen *Hilfe zur Selbsthilfe* sein kann (vgl. z.B. CARR, 2004). Hinzu kommt, dass spätestens seit der Verleihung des Friedensnobelpreises 2006 an Muhammad Yunus das Modell der Mikrokredite als Musterbeispiel von Social Entrepreneurship in den Fokus der Öffentlichkeit gerückt ist. Was man aber auch bedenken muss, ist, dass Geschäftsmodelle, die in der Entwicklungshilfe unter Social Entrepreneurship eingeordnet werden, da sie tatsächlich ein bisher nicht befriedigtes soziales Bedürfnis angehen, in entwickelten Gesellschaften unter konventionellem Unternehmertum geführt werden würden. Dies verdeutlicht das Beispiel der landwirtschaftlichen Genossenschaften aus dem vorhergehenden Abschnitt.

Eine Grundlage zur Identifizierung der Hauptziele von Entwicklungszusammenarbeit und deren Erfolgsmessung bilden die *UN Millennium Development*

Goals. Beschlossen wurde die Millenniumserklärung[14], auf der die acht Millenniums-Entwicklungsziele aufbauen, von rund 150 Staats- und Regierungschefs auf dem Millenniumsgipfel der Vereinten Nationen im September 2000. Die Ziele, die bis zum Jahr 2015 erreicht werden sollen, sind im Einzelnen:[15]

1. Bekämpfung von extremer Armut und Hunger,

2. Primarschulbildung für alle,

3. Gleichstellung der Geschlechter und Stärkung der Rolle der Frauen,

4. Senkung der Kindersterblichkeit,

5. Verbesserung der Gesundheitsversorgung der Mütter,

6. Bekämpfung von HIV/AIDS, Malaria und anderen schweren Krankheiten,

7. Ökologische Nachhaltigkeit,

8. Aufbau einer globalen Partnerschaft für Entwicklung.

Die Relevanz und Möglichkeiten von Social Entrepreneurship im Zusammenhang mit Entwicklungshilfe und den UN-Millenniums-Entwicklungszielen konnte der Autor dieser Arbeit schon selbst im Rahmen des Fallstudienwettbewerbs *Business Masters 2007* erleben. In dem Wettbewerb ging es darum, eine sozial orientierte Geschäftsidee für Afrika unter Ausnutzung von Solartechnologie zu entwickeln.[16]

Wie man in den Beispielen zu Social Entrepreneurs im Ausland in Abschnitt 4.2.3 sehen kann, sind viele der vorgestellten Unternehmen der Entwicklungshilfe zuzuordnen oder wurden von Entwicklungshilfeinstitutionen unterstützt.

3.3   Was sind zusammenfassend die Prinzipien von Social Entrepreneurship?

Nach den Definitionen und Abgrenzungen in den vorigen Abschnitten sollte es nun möglich sein, ein klareres Bild von Social Entrepreneurship zu zeichnen. Da der Bereich des Social Entrepreneurships als wissenschaftliches Forschungsfeld noch relativ jung ist, wird es allerdings auch weiterhin noch unterschiedliche

---

[14] Die Millenniumserklärung der Vereinten Nationen steht unter http://www.unric.org/html/german/millennium /millenniumerklaerung.pdf zur Verfügung, Abruf: 05.03.2008.

[15] Auf der Webseite http://www.mdgmonitor.org, Abruf: 05.03.2008, kann der Erfüllungsgrad der Ziele nachverfolgt werden.

[16] Mehr Informationen zum Business Masters und dem bearbeiteten Case stehen auf http://www.businessmasters.de, Abruf 05.03.2008, zur Verfügung.

Definitionen und Sichtweisen geben. Der Veranschaulichung der Prinzipien dient Abbildung 12.

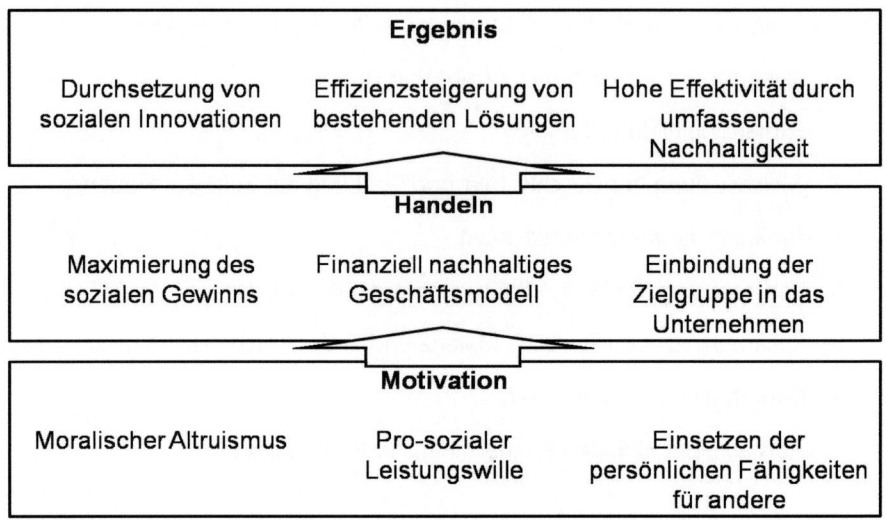

Abbildung 12: Die Prinzipien von Social Entrepreneurship (eigene Darstellung)

Wie in Abschnitt 2.4 beschrieben, bildet die Motivation das grundlegende Unterscheidungsmerkmal von Social Entrepreneurs. Aus einem *moralischen Altruismus* heraus entwickeln sie einen pro-sozialen Leistungswillen. Sie wollen ihre persönlichen Fähigkeiten in die Gemeinschaft einbringen. Es können dabei dieselben Bedürfnisse aufgegriffen werden wie bei konventionellem Entrepreneurship. Für die Art und Weise, wie sie verwandelt werden, ist letztendlich die Motivation ausschlaggebend.

Der große Unterschied zu traditionellen Lösungen für soziale Probleme besteht darin, dass Social Entrepreneurs ihr Handeln auf eine wirtschaftliche Nachhaltigkeit hin ausrichten. Das bedeutet eine vollkommene Neuorientierung der betrieblichen Leistungsmessung. Statt der Gewinnmaximierung unter verschiedenen Nebenbedingungen (zum Beispiel der Nebenbedingung, der Umwelt keinen Schaden anzurichten) ist die oberste Prämisse die Maximierung des sozialen Gewinns unter der Nebenbedingung der wirtschaftlichen Nachhaltigkeit. Dies bedarf mehrerer Erklärungen. Zunächst ist zu klären, was man unter *sozialen Gewinnen* verstehen kann. Gerade diese soziale beziehungsweise pro-soziale Dimension ruft einige Widersprüchlichkeiten hervor und lässt sich schlecht abgrenzen (vgl. NICHOLLS, 2006). Im Prinzip hat all unser Tun eine Auswirkung auf unsere soziale Umgebung. Darüber hinaus kann jeder Entrepreneur nur tätig werden, wenn er für andere unternimmt, also einen *positiven* Einfluss auf seine soziale Umgebung hat (vgl. WERNER, 2004b). Die genaue Unterscheidung, welche sozialen Ziele und vor allem welche Vorgehensweise eine Gesellschaft als wichtig betrachtet, hängt stark von kulturellen Normen und Moralvorstellungen ab und ist ein Objekt dauernder Überprüfung durch Wissenschaft und Politik (vgl. NICHOLLS, 2006). Davon sollte sich Social Entrepreneurship aber nicht abhalten lassen, sondern es als Antrieb und Chance sehen, Änderungen bewirken zu können. Durch die marktwirtschaftliche Ausrichtung können sich die besten und aktuell gewünschten Strategien und Lösungen durchsetzen. Eine starke Zielgruppenfokussierung stellt sicher, dass die Menschen, die erreicht werden sollen, das Handeln des Unternehmens beeinflussen und gestalten können. Eine beliebte Art dafür ist die Organisation einer Genossenschaft (vgl. Abschnitt 3.2.4).

Im Ergebnis kann der Social Entrepreneur dreierlei Dinge erreichen. Das Durchsetzen von sozialen Innovationen, eine Steigerung der Effizienz bestehender Lösungen und hohe Effektivität durch umfassende Nachhaltigkeit. Dabei muss er aber nicht selbst der Innovator sein. Wäre dies die Voraussetzung, könnte man nicht einmal Muhammad Yunus als Social Entrepreneur bezeichnen, da die Idee der genossenschaftlich organisierten Vergabe von Kleinkrediten schon lange vorher, zum Beispiel durch Raiffeisen, praktiziert wurde (vgl. Abschnitt 4.2.1). Stattdessen sollte man den Social Entrepreneur als jemanden sehen, der soziale Probleme im dreifachen Sinne aufhebt. Erstens durch das *„Aufheben im Sinne eines Überwindens"*, indem er bestehende Strukturen beseitigt (Lateinisch: tollere) und durch neue effektivere oder effizientere ersetzt. Also als einen innovativen Entrepreneur im Schumpeterschen Sinne. Zweitens durch das *„Aufheben im Sinne eines Mitnehmens"*, indem erfolgreiche Lösungen aufbewahrt (Lateinisch: conservare) werden. Das Mitnehmen bedeutet auch immer eine Effizienzsteigerung. Bestehende Lösungen werden konserviert und optimiert. Der Dritte Sinn ist schließlich das *„Aufheben im Sinne eines Wandels"*, indem auf bestehende Lösungen aufgesetzt wird, diese auf eine neue Stufe hinaufgehoben (Lateinisch: elevare) werden. Dadurch kommt es zu einer Steigerung der Effektivität.[17] Umfassende Nachhaltigkeit schließlich bedeutet eine Nachhaltigkeit über alle drei Dimensionen. Tabelle 2 erklärt generell die drei Dimensionen von Nachhaltigkeit, die von der ENQUETE-KOMMISSION SCHUTZ DES MENSCHEN UND DER UMWELT (1998) aufgestellt wurden, und ihre Bedeutung für Social Entrepreneurship. Durch sozial orientiertes Unternehmertum können positive Ergebnisse in allen drei Dimensionen erreicht werden.

---

[17] Für das Konzept des Anhebens im dreifachen Sinn siehe ROHRHIRSCH U. HÄUßNER (2007).

STROTHOTTE U. WÜSTENHAGEN (2005) betonen die Wichtigkeit einer sorg-fältigen Ausformulierung einer nachhaltigen Mission. Als Beispiel hierfür nennen sie den *World Wildlife Fund* (WWF), der zwar in der Gesamtheit noch kein sozial orientiertes Unternehmen darstellt, aber durch den Verkauf von Kuscheltieren nachhaltig zu seiner Mission beiträgt. So bringt der Verkauf der Tiere einerseits Einnahmen, andererseits wird, indem speziell Modelle gefährdeter Tierarten verkauft werden, die Aufmerksamkeit auf diese bedrohten Arten gelenkt.

Dimension	Beschreibung	Bedeutung für Social Entrepreneurship
Ökologisch	Sicherung einer nachhalti-gen Lebensgrundlage für den Menschen durch die Vermeidung unerwünsch-ter Einflüsse auf Ökosys-teme, die durch Umwelt-nutzung hervorgerufen werden.	Der Schutz der Umwelt als sozialer Raum ist Grundbedingung. Tatsächlich geht das Ziel vieler auf dem Gebiet des Umweltschutzes und der erneuerbaren Energien tätigen Social Entrepreneurs sogar darüber hinaus. Sie wollen nicht nur die jetzige Situation für zukünftige Generationen bewahren, sondern verbessern.
Ökonomisch	Produktivster Einsatz aller Ressourcen, so dass eine bestmögliche Versorgung der Bevölkerung mit Gü-tern und Dienstleistungen erreicht wird.	Durch ein tragfähiges und effekti-ves Geschäftsmodell sowie effizien-te Prozesse werden Ressourcen möglichst produktiv eingesetzt. Gewinn zu erwirtschaften, als Mit-tel einer ökonomischen Nachhaltig-keit, ist zentraler Punkt.
Sozial	Schaffung einer solidari-schen Gesellschaft unter Beachtung des Subsidiari-tätsprinzips.	Ergebnis von Social Entrepreneurship ist die Verbesse-rung der Lebensbedingungen in der Gesellschaft, vor allem von benachteiligten Menschen. Durch individuelle Lösungen wird oft Hilfe zur Selbsthilfe geleistet.

Tabelle 2: Nachhaltigkeit von Social Entrepreneurship (nach den drei Dimension der ENQUETE-KOMMISSION SCHUTZ DES MENSCHEN UND DER UMWELT)

4 Wo findet Social Entrepreneurship statt?

There are now Grameen type of organizations in almost every country.

(Muhammad Yunus)

Nach einer ausführlichen theoretischen Beschreibung der Konzepte von Social Entrepreneurship wird das Phänomen nun in der Praxis betrachtet. Die Frage nach dem *Wo* von Social Entrepreneurship führt in drei Richtungen. Zuerst ist dies die thematische Dimension, die im nächsten Abschnitt behandelt wird.

Als zweite Richtung wird die zeitliche Dimension mit einem Blick in die Geschichte in Abschnitt 4.2.1 vorgestellt. Drittens werden schließlich Beispiele in der geografischen Dimension, Ausland – Inland, in den Abschnitten 4.2.3 und 4.2.4 untersucht.

4.1 Was sind die Betätigungsfelder?

Dieser Abschnitt beschreibt die Gebiete, die am häufigsten in der Literatur als Beispiele von Social Entrepreneurship auftauchen. Wie in Abschnitt 3.3 zu den Prinzipien von Social Entrepreneurship angesprochen wurde, hängt die Auslegung des Begriffs *sozial* sehr von den aktuellen gesellschaftlichen Normen und Moralvorstellungen ab. Diese sind darüber hinaus zwischen verschieden Ländern und Kulturen unterschiedlich. Dementsprechend sind auch die Handlungsfelder nicht trennscharf zu bestimmen. Zur Beschreibung der Resultate von Social Entrepreneurship werden in der Literatur eher vage Begriffe wie *sozialer Wandel, sozialer Mehrwert, soziales Kapital* und *Social Return on Investment* verwendet. Allen gemeinsam ist, dass sie auf *soziale Probleme* abzielen (vgl. SEELOS U. MAIR, 2006). Doch was sind soziale Probleme und wie entsteht sozialer Mehrwert?

Diese Fragen lassen sich nur relativ beantworten. Nämlich relativ zur Situation einer Gesellschaft und relativ zu ihren Moralvorstellungen. Der Slogan „Sozial ist, was Arbeit schafft" (PRÄSIDIEN VON CDU UND CSU, 2003) ist zwar in der Politik beliebt, eine tatsächliche Anwendung auf Social Entrepreneurship ist allerdings nicht möglich. Dazu muss die Bedeutung von sozial genauer hinterfragt und differenzierter betrachtet werden. Wäre tatsächlich das Schaffen von Arbeitsplätzen das oberste Ziel eines Unternehmens und würde es auf dem Weg dahin gegebenenfalls auch auf Gewinn verzichten, so würde es wahrscheinlich wirklich als sozial wahrgenommen. Entstehen aber Arbeitsplätze als Nebenprodukt der Gewinnmaximierung, so ist daran nichts außergewöhnlich Soziales. Zumindest nicht im Sinne der Definition von Social Entrepreneurship, das *pro-soziales* Handeln fordert. Dies ist Handeln, das über das gemeinsame Zusammenleben und Interagieren hinaus geht.

Als Handlungsfelder wurden schon die *sozialen Probleme* genannt. Es macht Sinn, sich daran zu orientieren, da das Lösen oder die Verringerung eines sozialen Problems eine pro-soziale Handlung darstellt. Was nun soziale Probleme sind, hängt von der jeweiligen Situation ab. Es gibt soziale Probleme, die lokal begrenzt sind und solche, die globale Auswirkungen haben. Beispielsweise ist in einigen Ländern, in denen die Arbeitslosigkeit jenseits der 30 Prozent liegt, diese offensichtlich ein soziales Problem. In diesem Fall wäre ein Social Entrepreneur gefragt, Initiative zu ergreifen. Aber auch schon eine Arbeitslosenquote von aktuell 8,6 Prozent in Deutschland[18] kann einen Handlungsraum für Social Entrepreneurs darstellen. Neben globalen Problemen wie Umweltverschmutzung, Massenarmut und Massenarbeitslosigkeit, die einen Großteil der Bevölkerung betreffen, spezialisieren sich Social Entrepreneurs aber auch oft auf bestimmte Zielgruppen. Deren Situation stellt meistens dann ein soziales Problem dar, wenn es sich um eine benachteiligte Gruppe handelt. Das sind Menschen, die *unverschuldet* in eine Notlage gekommen sind oder die von einem Ungleichgewicht oder einer Ungerechtigkeit in der Gesellschaft betroffen sind. Die Betonung liegt nach heutiger gesellschaftlicher Moralvorstellung darauf, dass die Notlage oder ungleiche Situation unverschuldet eingetreten ist (siehe OTT, 2006). Darüber hinaus kann man aber auch Menschen, wie zum Beispiel Drogenabhängige, dazurechnen, die zwar Mitschuld an ihrer Notlage tragen, aber ohne Hilfe der Gesellschaft nicht mehr aus dieser herauskommen. Zu den Zielgruppen für Social Entrepreneurs zählen zum Beispiel Kinder (besonders Waisenkinder) sowie kranke und behinderte Menschen.

Außerdem lassen sich die Handlungsfelder nach Schwerpunktthemen von Entwicklungsländern und entwickelten Ländern aufteilen. In ersteren spielt vor allem die Deckung der Grundbedürfnisse der Bevölkerung wie die Bekämpfung von Hunger und Armut eine Rolle. Darüber hinaus werden dort teilweise die Menschenrechte, wie zum Beispiel die Gleichberechtigung von Mann und Frau, nicht ausreichend eingehalten. Deshalb haben Geschäftsideen in diesen Ländern oft eine gesellschaftspolitische Komponente, wie beispielsweise das Mikrokredit Konzept in Bangladesch. 97 Prozent der Kunden der Grameen Bank sind Frau-

---

[18] Vgl. die aktuelle Arbeitsmarktstatistik, die unter http://www.arbeitsagentur.de/nn_27030/ zentraler-Content/Pressemeldungen/2008/Presse-08-007.html, Abruf 27.03.2008, verfügbar ist.

en, wodurch deren Stellung in der Gesellschaft verbessert werden konnte (vgl. YUNUS, 2006a).[19] Andere Themen, wie Gesundheit und Bildung, stellen hingegen weltweit Betätigungsfelder von Social Entrepreneurship dar. Hierbei werden besonders ungerechte Verhältnisse oder ineffiziente Systeme aufgegriffen. In entwickelten Ländern in Europa und Nordamerika beschäftigen sich Social Entrepreneurs außerdem auch mit der Situation von Obdachlosen oder der Förderung von benachteiligten Menschen, wie zum Beispiel Blinden.

Die folgende Liste erhebt keinen Anspruch auf Ausschließlichkeit, sondern zeigt ein aktuelles Abbild der Schwerpunktthemen für Social Entrepreneurship:

- Wohnen,

- Bildung,

- Gesundheit,

- Förderung von benachteiligten Gruppen,

- Umwelt,

- Entwicklungshilfe,

  - Landwirtschaft,

  - Energie,

  - Armut und

  - Menschenrechte.

Besonders in Deutschland, wo durch den Staat viele Themen bereits abgedeckt sind und Social Entrepreneurs, selbst wenn sie effizienter wären, oft nicht in Wettbewerb treten können, besteht Potenzial an Schnittstellen zwischen einzelnen Bereichen. Handlungsfelder eröffnen sich dort, wo die etablierten Akteure wie Staat, Privatwirtschaft oder Non-Profit-Organisationen noch nicht tätig sind (vgl. SZIPERSKY U. RENTROP, 2004). Ein Beispiel hierfür ist das Ausstellungskonzept *Dialog im Dunkeln*, das im Abschnitt 4.2.4 vorgestellt wird. Durch die Mitarbeit in der Ausstellung erhalten Blinde einen Arbeitsplatz. Der Gründer Andreas Heinecke arbeitet dabei mit der Arbeitsagentur zusammen.

Die Zielgruppe von Social Entrepreneurship wurde oft von konventionellen Unternehmen nicht beachtet. Gründe dafür sind, dass die Gruppen zu klein sind oder über zu geringe Einkommen verfügen, als dass sie für traditionelle Geschäftsmodelle interessant sein könnten. Eine besondere Zielgruppe, auf die inzwischen sogar Großkonzerne aufmerksam geworden sind, ist die von

---

[19] Siehe zum Beispiel das Konzept der Mikrokredite in Abschnitt 4.2.3.

PRAHALAD (2006) als *Bottom of the Pyramid* bezeichnete. Damit sind die Ärmsten der Armen gemeint, die mit weniger als 2 US-Dollar am Tag auskommen müssen und größtenteils in Entwicklungsländern leben. Aufgrund ihrer großen Anzahl ist ihre Kaufkraft beachtlich. Prahalad fordert Unternehmen auf, Produkte speziell für diese Zielgruppe zu entwickeln. Als Beispiel nennt er eine Firma, die Beinprothesen, die man auch ohne Schuhe benutzen kann, zu geringeren Kosten als herkömmliche Prothesen herstellt. Diese verkauft sie mit (auch finanziellem) Erfolg in Entwicklungsländern. Dabei ist die Qualität aber nicht unbedingt schlechter als bei herkömmlichen Prothesen. Sie sind im Gegenteil sogar extra auf die Zielgruppe zugeschnitten, so dass sie Barfußlaufen erlauben, was mit herkömmlichen Prothesen nicht möglich wäre.

4.2   Wie sehen Beispiele für Social Entrepreneurship aus?

Die folgenden Beispiele aus der Geschichte und Gegenwart werden hinsichtlich der in Abschnitt 3.3 dargestellten drei Prinzipien für Social Entrepreneurship, der Motivation, dem Handeln und dem Ergebnis untersucht. Dabei sollten ganz selbstverständlich Parallelen aber auch Widersprüche zwischen der Praxis und dem bisher aufgestellten theoretischen Konstrukt auffallen.

4.2.1 Welche Beispiele finden sich in der Geschichte?

In einem kurzen Überblick werden in diesem Abschnitt drei Beispiele aus der Geschichte vorgestellt, die darlegen, dass es auch schon in der Vergangenheit Entrepreneure gab, für die Gewinn nur ein Mittel zu einem höheren Zweck war. Dabei soll es gar nicht darauf ankommen, ob diese Beispiele auch in heutiger Zeit so möglich wären oder genau in das Schema von Social Entrepreneurship passen. Auffallend an den Beispielen ist, dass alle sich des Konzepts der Genossenschaft, das schon in Abschnitt 3.2.4 besprochen wurde, bedienen. Dieses Konzept wurde übrigens von den drei beschriebenen Unternehmern maßgeblich mitgestaltet.

Wie entwickelte Robert Owen das Konzept der Produktivgenossenschaft?

„Truth must ultimately prevail over error." (OWEN, 1927, S. 39)

Robert Owen (1771-1858) engagierte sich in England zur Zeit der Industrialisierung in verschiedenster Weise für die sozialen Belange der Arbeiter. ELSÄSSER

(1984) gibt einen kurzen Abriss über Owens Lebenslauf und Hintergrund. Nach einer kaufmännischen Ausbildung arbeitete Owen zu Beginn in der Textilbranche. Mit 19 Jahren gründete er eine eigene Baumwollspinnerei mit drei Mitarbeitern. Diese gibt er später zu Gunsten eines Fabrikleiterpostens einer Baumwollfabrik mit 500 Arbeitern ab. Im Jahr 1800, mit 29 Jahren, übernimmt Owen eine Spinnerei in New Lanmark, die der wichtigste Ort für sein frühes Wirken wurde. Dort führte er verschiedene, für die damalige Zeit herausragende Maßnahmen ein, zum Beispiel die Einschränkung der Kinderarbeit, die Verkürzung der Arbeitszeit und die Steigerung des Reallohns. Aufgrund der wirtschaftlichen Depression von 1815 arbeitete Owen 1817 das Konzept einer Produktivgenossenschaft aus. Diese Genossenschaft ist ein Unternehmen, das allen Beschäftigten gehört, während gleichzeitig jeder Besitzer im Unternehmen beschäftigt ist. Nach dem Muster dieses Konzepts gründete er einige so genannte *Communities* in England und USA.

Geprägt wurde Owen von religiösen Gedanken und Gefühlen aus verschiedenen christlichen Glaubensrichtungen. Außerdem wird er von den sozialen Umbrüchen seiner Zeit beeinflusst, deren Auswirkungen er sich schon früh annimmt. Während er im Sinne der Firmen, für die er arbeitete, sehr gute finanzielle Ergebnisse erzielte, spielte für ihn sein Privatvermögen nur eine untergeordnete Rolle.

STEINER (2006) stellte fest, dass durch das fehlgeschlagene Experiment eines „Musterstaates" in Nordamerika Owens „Glaube an die Güte der Menschennatur" und „die Sehnsucht, seine Mitmenschen glücklich zu machen" enttäuscht wurde.

In Anbetracht der vielen verschiedenen Gebiete, auf denen Owen tätig war, werden hier nur einzelne Ergebnisse seiner Bemühungen vorgestellt. Neben seiner erfolgreichen Karriere als Unternehmer und Finanzier nahm er sich besonders sozialen Fragestellungen an. Er setzte in einer für seine Zeit ungewöhnlichen Art in seinen Unternehmungen soziale Standards. Sein Wirken in der Öffentlichkeit und seine Bücher und Aufsätze waren Grundlage und Vorbild für viele sozialpolitische Reformen. Das Wirken Owens kann man in drei Stufen einteilen. Über initiierende Impulse zur Steigerung der Produktivität zu Maßnahmen zur Verbesserung von Arbeitsbedingungen bis schließlich zu Anregungen für eine gemeinschaftsbezogene Lebensführung (vgl. ELSÄSSER, 1984).

Wie hat Raiffeisen die genossenschaftliche Selbsthilfe in Form der Kreditgenossenschaft aufgebaut und verbreitet?

Friedrich Wilhelm Raiffeisen (1818-1888) gehört neben *Hermann Schulze-Delitzsch* (1808-1883) und *Ferdinand Lassalle* (1825-1864) zu den Pionieren des

Genossenschaftswesens in Deutschland (vgl. ZERCHE U.A., 1998). Über sein Handeln berichtet RICHTER (1965), dass er in frühen Jahren eine Verwaltungslaufbahn einschlug und, nachdem er zuvor Bürgermeister in Weyerbusch und Flammersfeld war, ab 1852 Bürgermeister in Heddesdorf bei Neuwied im Westerwald wurde. Dort gründete er mit 59 wohlhabenden Bürgern den *Heddesdorfer Wohltätigkeitsverein*, der sich durch freiwillige Beiträge der Mitglieder finanzierte und unter anderem die Erziehung verwahrloster Kinder übernahm. Allerdings erwies es sich als schwierig, den Verein über längere Zeit zu erhalten, da das Engagement der Mitglieder nachließ, so dass er schließlich wieder aufgelöst wurde. Im Jahr 1862 gründete Raiffeisen den *Darlehenskassen-Verein für das Kirchenspiel Anhausen*. Dieser hatte zum Zweck, durch Gewährung von Darlehen dem Bedürfnis nach Krediten für die Landwirtschaft nachzukommen. Raiffeisen ließ sich dabei von der Idee Schulze-Delitzschs leiten und legte als Voraussetzung fest, dass Darlehensnehmer Mitglieder im Verein werden mussten. Im Vergleich zum Wohltätigkeitsverein erkannte Raiffeisen, dass mit „Christenpflicht und Nächstenliebe" kein langfristiges pro-soziales Wirken möglich ist, sondern „derartige Vereine nur dann lebensfähig sind und bestehen können, wenn sie auf die unbedingte Selbsthilfe gegründet [...] sind".[20] Mit diesem Darlehenskassen-Verein und der Weiterentwicklung der Idee in den folgenden Jahren war der Grundstock für die genossenschaftlich organisierte Kreditvergabe gelegt.

Wie bisher in dieser Arbeit beschrieben, ist die Motivation ausschlaggebend für das Wirken als Social Entrepreneur. Was bewegte Raiffeisen, für die Gemeinschaft tätig zu werden? Es kann angenommen werden, dass die Beweggründe von seiner starken religiösen Prägung bedingt wurden. Raiffeisen galt als ein sehr religiöser Mensch, der „sein Werk in den Dienst Gottes und der Nächstenliebe" (RICHTER, 1965, S. 15) gestellt hat. ZERCHE U.A. (1998) ordnen ihn den „christlichen Demokraten und christlichen Sozialisten" zu, in Abgrenzung zu anderen Richtungen der Genossenschaftsidee, wie den „Sozialisten und Sozialdemokraten" sowie den „Konservativen". Aus den Aufzeichnungen Raiffeisens geht hervor, dass er zwar die Vorteile der Industrialisierung befürwortete, aber auch die negativen Auswirkungen sah und kritisierte. Als tätiger Christ sah er es als seine Aufgabe, „die Notlage ganzer Bevölkerungsschichten, besonders des Arbeiterstandes, zu lindern" (RICHTER, 1965, S. 78). Dabei stellte er einen Widerspruch zwischen gewinnsüchtigen Absichten und Frömmigkeit fest. Neben der Lage der Arbeiter beschäftigte sich Raiffeisen mit der Situation der Landbevölkerung. Seiner Meinung nach bedurfte es zur Verbesserung ihrer Lage

---

[20] Vgl. SEELMANN-EGGEBERT (1928, S. 27) zitiert nach: RICHTER (1965, S. 26).

vor allem zweier Dinge: Bildung und Geld. Diese Bedürfnisse griff er in seinen Tätigkeiten auf und schaffte es, die Innovation der Kreditgenossenschaften flächendeckend durchzusetzen.

RICHTER (1965) erklärt, dass auch wenn die heutigen Raiffeisenbanken nicht mehr allzu viel mit dem ursprünglichen Gedanken zu tun haben, Raiffeisens Handeln zur damaligen Zeit große Wirkung zeigte. Durch die oft langfristige Darlehensgewährung wurde die Voraussetzung für ein nachhaltiges Wachstum in der Landwirtschaft geschaffen. Die Bauern konnten die Gelder in neue Geräte, Vieh oder Grundstücke investieren und so ihre Wirtschaftlichkeit erhöhen. Mit der Möglichkeit Spargelder anzulegen konnte jedermann „Kapitalist" werden und sein Kapital durch Zinsen erhöhen. Raiffeisen sah in seinen Genossenschaften ein Mittel, um die akuten sozialen Probleme seiner Zeit zu lösen.

Wie wurde Gottlieb Duttweiler mit seiner Konsumgenossenschaft Migros erfolgreich?

Gottlieb Duttweiler wurde am 15. August 1888 in Zürich geboren, wo er auch am 8. Juni 1962 starb. 1925 gründete er die *Migros AG*, die er 1941 in eine Genossenschaft umwandelte und den Kunden schenkte. Zu Beginn bestand Migros aus fünf Lastwagen, die zu fahrenden Läden umgebaut wurden. Die Idee des direkten Vertriebs zu Großhandelspreisen war trotz des Widerstandes der traditionellen Händler schnell erfolgreich. Durch das Umgehen von Mittelmännern konnte Duttweiler zu günstigeren Preisen verkaufen (Mi-Gros bedeutet Halb-Groß). Heute sind circa 27 Prozent der Schweizer Bevölkerung direkt an der Migros beteiligt, so dass man von einer *Volksfirma* sprechen kann (vgl. MARTIGNONI, 2004).

Die ursprüngliche Idee zur Gründung der Migros AG entstand aus der Erkenntnis, dass die zur damaligen Zeit sehr hohen Lebensmittelpreise und Margen in der Schweiz im schlecht organisierten Lebensmittelhandel begründet waren. Duttweiler konnte seine Erfahrungen, die er schon vorher im Lebensmittelhandel gemacht hat, einbringen, um Lebensmittel günstiger zu verkaufen. Einer seiner Hauptgedanken, der sich im Konzept der Migros niederschlug, war der des „Sozialen Kapitals". Dazu schrieb Duttweiler: „Wenn wir das Problem der gerechten Verteilung der Güter der Welt lösen wollen, so müssen wir uns ihm ganz hingeben, in ihm aufgehen und von ihm „besessen" sein. *Das Bewusstsein, dass rings um uns Menschen sind, die ein Recht auf den „goldenen Überfluss" der Welt haben, aber ihren Anteil nicht erhalten, darf uns keine Ruhe lassen"* (zitiert nach MARTIGNONI, 2004, Hervorhebungen im Original). Diese ethische Grundeinstellung bildet die Grundlage dazu, dass er 1941 beschloss, die Migros AG in eine Genossenschaft umzuwandeln und an die Kunden zu verschenken (vgl.

MARTIGNONI, 2004). Diese Genossenschaft zahlt keine Dividende sondern, rein-vestiert sämtliche Gewinne wieder ins Unternehmen (vgl. UNESCO, 1993).

Neben den positiven sozialen Auswirkungen auf die Kunden, denen die Konsumgenossenschaft gehört, erzielte Migros auch Erfolge in der ökologischen Nachhaltigkeit, die im Jahr 1985 zum obersten Ziel erklärt wurde. Zum Beispiel wurden Waren statt auf der Straße mit der Bahn transportiert und es wurde ein Werk zum Recycling von Batterien gebaut (vgl. UNESCO, 1993).

Ein weiteres Ergebnis der Arbeit Duttweilers ist das 1957 eingeführte *Kultur-prozent*. Das Kulturprozent ist ein festgesetzter Anteil des Umsatzes, der auch bei rückläufigem Geschäftsergebnis abgeführt wird und Projekte in den Berei-chen Kultur, Gesellschaft, Wirtschaft, Bildung und Freizeit fördert. Im Jahr 2006 betrugen die zur Verfügung stehenden Mittel 116 Millionen Franken. Migros verpflichtet sich in seinen Statuten, dass „die kulturellen, sozialen und wirt-schaftspolitischen Zielsetzungen gleichberechtigt neben den wirtschaftlichen Zielen" stehen (MIGROS, 2007, S. 49).

4.2.2 Welche Organisationen fördern Social Entrepreneurship?

Eines der Merkmale des aktuellen Interesses an sozial orientiertem Unterneh-mertum ist die größer werdende Anzahl von Organisationen, die sich der Förde-rung von Social Entrepreneurship verschrieben haben. Diese sind durch ihre Multiplikatorwirkung auch Auslöser und Verstärker dieses Trends. Zu den be-kanntesten Institutionen gehören die im Folgenden vorgestellten Schwab Foun-dation, Skoll Foundation und Ashoka.[21]

Wie kann die *Schwab Foundation* Social Entrepreneurs helfen?
Die *Schwab Foundation for Social Entrepreneurship*[22] geht auf die Initiative von Klaus Schwab, dem Gründer und Präsidenten des Weltwirtschaftsforums in Davos, zurück. Die Stiftung wurde 1998 gegründet und begann ihre Arbeit 2001. Bis ins Jahr 2008 wurden 134 Social Entrepreneurs von der Stiftung ausge-zeichnet und konnten sich zum Beispiel im Rahmen des Weltwirtschaftsforums der Öffentlichkeit präsentieren (SCHWAB FOUNDATION, 2008).

Andreas Heinecke, der Gründer von *Dialog im Dunkeln*[23] bestätigte dem Autor dieser Arbeit in einem persönlichen Gespräch die große Wirkung, die

---

[21] Für eine ausführliche Auflistung von Organisationen, die zum Bereich Social Entrepreneurship forschen oder unterstützend tätig sind, siehe EMERSON U.A. (2003).
[22] Siehe http://www.schwabfound.org, Abruf 02.03.2008.
[23] Portrait siehe Abschnitt 4.2.4.

solch eine Plattform haben kann. Er war 2007 auf dem Weltwirtschaftsforum eingeladen, um dort für die Dauer des Forums seine Ausstellung aufzubauen. Durch die große Öffentlichkeit und den direkten Kontakt mit Entscheidungsträgern aus der Wirtschaft in Davos konnte er sein Konzept weltweit bekannt machen und als zusätzliches Geschäftsmodell *Dialog im Dunkeln* als Trainingskonzept für Teams und Führungskräfte etablieren.[24]

Welche Formen der Unterstützung bietet die *Skoll Foundation* an?

Die *Skoll Foundation*[25] wurde 1999 von Jeff Skoll, dem ersten Präsidenten des Online Auktionshauses *eBay*, gegründet. Sie fördert Social Entrepreneurs über vier Wege. Zum einen über den *Skoll Award for Social Entrepreneurship*, der an erfolgreiche Programme verliehen wird, um diese fortzuführen, zu expandieren oder zu vervielfältigen. Zum anderen hat die Stiftung 2003 das *Skoll Center for Social Entrepreneurship* an der *Said Business School* der *Universität Oxford* ins Leben gerufen, das die wissenschaftliche Forschung auf dem Gebiet zum Auftrag hat. Außerdem gibt es noch eine jährliche Konferenz, das *Skoll World Forum on Social Entrepreneurship*, und eine Online Community für Social Entrepreneurs.[26]

Wie wählt das Netzwerk *Ashoka* seine *Fellows* aus?

Ashoka: Innovators for the public[27] unterscheidet sich von den anderen Organisationen darin, dass es nicht erst in den letzten zehn Jahren gegründet wurde und auch kein extrem reicher Förderer dahinter steht. Gegründet wurde Ashoka im Jahr 1980 von Bill Drayton in Washington D.C., USA. Dieser hatte davor schon eine Karriere als Berater bei McKinsey & Company sowie als stellvertretender Leiter der amerikanischen Umweltschutzbehörde hinter sich. Der Name der Organisation stammt vom indischen Herrscher Ashoka ab, der im 3. Jahrhundert vor Christus über große Teile des südasiatischen Raums regierte und als besonders sozial und tolerant galt. Innerhalb der letzten mehr als 20 Jahre baute Drayton ein Netzwerk aus so genannten *Ashoka Fellows* auf. Dies sind *Sozialunternehmer*, die durch ein einjähriges Stipendium, das die Lebenshaltungskosten abdeckt, gefördert werden. Überdies profitieren sie vom Netzwerk und den Kontakten von Ashoka. Auf der Suche nach Ideen und Menschen mit der größ-

---

[24] Das Gespräch fand im Rahmen des Business Masters 2007 am 21. November 2007 an der Universität Karlsruhe (TH) statt. Andreas Heinecke war dort als Gastredner geladen und der Autor dieser Arbeit war einer der Teilnehmer.

[25] Siehe http://www.skollfoundation.org, Abruf 02.03.2008.

[26] Siehe http://www.socialedge.org, Abruf 03.03.2008.

[27] Siehe http://www.ashoka.org, Abruf 04.03.2008.

ten Veränderungskraft wird ein mehrstufiger Auswahlprozess eingesetzt. Dabei werden Kandidaten von lokalen Scouts nominiert und dann ausgiebig von einer Jury befragt. Zwischen 1990 und 2003 expandierte Ashoka von acht auf 46 Länder und zählt inzwischen mehr als 1400 Fellows (vgl. BORNSTEIN, 2005).

4.2.3 Welche Beispiele finden sich im Ausland?

Wie hat Muhammad Yunus das Konzept der Mikrokredite erfolgreich gemacht?
Einer dieser Ashoka Fellows und der wohl bekannteste Social Entrepreneur unserer Zeit ist Muhammad Yunus. Die Verleihung des Friedensnobelpreises 2006 hat dem Konzept der Mikrokredite und Social Entrepreneurship eine enorme öffentliche Aufmerksamkeit beschert. Yunus Definition von Social Entrepreneurship wurde schon in Abschnitt 3.1.2 beschrieben. In diesem Abschnitt sollen seine persönliche Entwicklung, seine Motivation und seine Erfolge beleuchtet werden.

In dem Buch „Banker to the Poor" erzählt YUNUS (1999), dass er 1940 in Chittagong, einer großen Hafenstadt in Bangladesch, in einer strenggläubigen muslimischen Familie geboren wurde. Bangladesch war damals noch Teil von Britisch-Indien und wurde 1946 als Teil von Pakistan unabhängig von Indien. Er ging 1965 in die USA, um dort seinen Doktor zu machen. Als 1971 Bangladesch den Unabhängigkeitskrieg gegen Pakistan gewonnen hatte, beschloss Yunus, wieder in die Heimat zurückzukehren. „I knew that I had to return home and participate in the work of nation building. I thought I owed it to myself" (YUNUS, 1999, S. 29). Zurück in Bangladesch wurde er Professor für Volkswirtschaftslehre an der Chittagong Universität. Eine schwere Hungersnot 1974 bewegte ihn dazu, in das Dorf Jobra, das direkt an die Universität angrenzt, zu gehen und zu sehen, wie er direkt helfen kann. Dabei realisierte er, dass den Menschen dort mit sehr geringen Geldbeträgen geholfen werden konnte, aus der Abhängigkeit der Geldverleiher zu kommen. Er begann damit, 27 US-Dollar an 42 Dorfbewohner zu verleihen, so dass diese ihre sämtlichen Schulden zurückbezahlen konnten. Danach setzte er sich bei der lokalen Bank dafür ein, dass sie den Dorfbewohnern Kredite gewährte. Dabei stieß er auf das Problem, dass Banken ohne eine Sicherheit, wie zum Beispiel ein Pfand, kein Geld verleihen. Anfangs umging er dies, indem er sich selbst als Bürge zur Verfügung stellte. Im Folgenden entwickelte er aber das Konzept der Grameen Bank (Dorf Bank), die Mikrokredite an die Armen von Bangladesch ausgibt. Wichtige Faktoren für den anhaltenden Erfolg der Grameen Bank waren zwei Konzepte. Zum einen verleiht die Bank hauptsächlich an Frauen und trägt so unter anderem zu einer Aufwertung der Frau im islamischen Land Bangladesch bei. Zum anderen müssen Kunden der Bank sich zu Gruppen zusammenschließen. Dadurch sind alle füreinander verantwortlich und helfen sich gegenseitig, wenn ein Mitglied der Gruppe in Not gerät.

Im Jahr 2006 hat die Bank Kredite an circa 7 Millionen Menschen vergeben. 58 Prozent der Kunden konnten mit Hilfe der Bank die Armutsgrenze überschreiten. Die Rückzahlrate liegt aktuell bei 99 Prozent, was die Grameen Bank zu einem rentablen Unternehmen macht. Überdies wurden seit 1995 keine Spendengelder mehr angenommen (vgl. YUNUS, 2006a).

Durch den Erfolg der Grameen Bank bestätigt, arbeitete Yunus mit verschiedenen Organisationen in anderen Ländern zusammen, um auch dort die Idee der Mikrokredite zu verbreiten. Während das Konzept in anderen armen Ländern schnell erfolgreich wurde, gab es in reichen Ländern, vor allem europäischen, Probleme wegen rechtlicher Fragestellungen oder wegen der bestehenden Wohlfahrtssysteme. In Bangladesch startete Yunus indes weitere erfolgreiche Geschäftskonzepte, zum Beispiel, *GrameenPhone*, der heutzutage größte Mobilfunkanbieter des Landes. Auch hier setzte er wieder auf die Frauen in ländlichen Gebieten. Diese fungieren als so genannte *Telephone Ladies*, die der ländlichen Bevölkerung die Möglichkeit bieten, gegen die Zahlung niedriger Minutenpreise zu telefonieren (vgl. YUNUS, 1999).

Bei der Betrachtung der Unternehmen, die Yunus aufgebaut hat, stellt sich die Frage, was sie so erfolgreich macht und wie er es schafft, das richtige Maß zwischen sozialen und finanziellen Gewinnen, die er für weiteres Wachstum benötigt, zu finden. Nach Meinung des Autors dieser Arbeit schafft er das durch eine vollständige Einbindung der Zielgruppe. So gehört die Bank zu 90 Prozent den Kunden. Diese beteiligen sich über demokratisch gewählte Gremien direkt an der Geschäftspolitik und setzen sich sogar Regeln für ihr soziales Zusammenleben.[28]

Welche Geschäftsmodelle verfolgt die Frauenorganisation SEWA?

Auf einer Reise nach Indien konnte sich der Autor dieser Arbeit selbst ein Bild[29] über eine erfolgreiche Organisation machen, die von einigen Autoren als Beispiel für Social Entrepreneurship genannt wird.[30] Bei der *Self Employed Women's Association* (SEWA)[31] handelt es sich um eine Mischung aus Interessen-

---

[28] Diese Regeln sind auf http://www.grameen-info.org/bank/the16.html, Abruf 05.03.2008, dargestellt.

[29] Für eine Aufzeichnung der Notizen des Interviews mit der Leiterin des SEWA Informationszentrums siehe Anhang: Interview SEWA.

[30] Vgl. zum Beispiel DAVIS (2002), ALVORD U.A. (2004) und HARTIGAN U. BILLIMORIA (2005).

[31] Siehe http://www.sewa.org, Abruf 05.03.2008.

vertretung, Gewerkschaft und Genossenschaft. Die 1974 gegründete Organisation umfasste im Jahr 2005 circa 800.000 Mitglieder. Davon waren 69 Prozent Handarbeiterinnen und Dienstleisterinnen, die zum Beispiel auf Baustellen arbeiten oder Kurierdienste für Waren, die sie auf ihrem Kopf transportieren, übernehmen. Mit 16 Prozent stellte die Gruppe der Arbeiterinnen, die von zu Hause aus arbeiten, die zweitgrößte Gruppe dar. Diese besteht vor allem aus muslimischen Frauen, die aus religiösen Gründen nicht außerhalb ihrer Wohnung arbeiten dürfen. Weil ihnen von SEWA zum Beispiel die benötigten Rohstoffe nach Hause geliefert werden, haben sie die Möglichkeit, sich und ihre Familien zu ernähren. Die drittgrößte Gruppe stellen schließlich Straßenhändler und Hausierer. SEWA vertritt als Gewerkschaft die Interessen der Frauen, die im informellen Sektor, der einen Anteil von 93 Prozent an der gesamten Wirtschaft Indiens ausmacht, beschäftigt sind. Überdies bildet die Organisation das Dach für ungefähr 100 Genossenschaften und mehr als 1.000 Gruppen, so genannter *Herstellergruppen* sowie *Spar- und Kreditgruppen*. Die Genossenschaften und Gruppen decken eine Reihe an Grundleistungen ab, von *SEWA Health* über die *SEWA Bank* zu Kinderbetreuungsgenossenschaften (vgl. SEWA, 2005).

Was lässt SEWA so vorbildlich für Social Entrepreneurship erscheinen? Der Autor dieser Arbeit hat zwei Praktiken erkannt, mit denen die Organisation die Prinzipien von Social Entrepreneurship vertritt. Zum einen sind alle Genossenschaften und Gruppen von SEWA wirtschaftlich eigenständig. Jede Gruppe muss durch ein passendes Geschäftsmodell die eigenen Tätigkeiten finanzieren. Ausnahmen bilden eine Startfinanzierung und Krisenfälle, wie ein verheerendes Erdbeben 2001, bei dem die Solidarität der gesamten Organisation griff. Trotzdem bleibt Gewinn aber nur Mittel und wird nicht zum Zweck. Gemessen wird die Erreichung der zwei Hauptziele *Vollbeschäftigung* und *Eigenständigkeit* anhand der Entwicklung jedes einzelnen Mitglieds. Diese wird anhand von elf Fragen evaluiert (vgl. SEWA, 2005):

1. Ist die Anzahl der Mitglieder mit Beschäftigung gestiegen?

2. Hat sich ihr Einkommen erhöht?

3. Haben sie genug Nahrung?

4. Wurde ihre Gesundheitsversorgung abgesichert?

5. Haben sie Möglichkeiten zur Kinderbetreuung erhalten?

6. Haben sie ihre Wohnsituation verbessert?

7. Hat sich ihr Vermögen (Spareinlagen, Haus, Arbeitsraum, Werkzeuge, Lizenzen, Personalausweis, Vieh und Genossenschaftsanteile) vergrößert?

8. Hat sich die organisierte Stärke der Arbeiterinnen vergrößert?

9. Sind sie eigenständig geworden, sowohl gemeinschaftlich als auch individuell?

10. Hat sich ihr Bildungsstand verbessert?

Wie kann Social Entrepreneurship im Zeitalter des Web 2.0 aussehen?

Als letztes Beispiel im Abschnitt Social Entrepreneurship im Ausland wird kiva.org vorgestellt. Kiva bedeutet *Einigkeit* in der ostafrikanischen Sprache Suaheli. Gegründet wurde Kiva im Jahr 2004 von Matthew und Jessica Flannery. Es ist quasi die Weiterentwicklung der Idee der Mikrokredite[32] mit den Möglichkeiten des Internets. In den ersten drei Jahren seit dem Start der Webseite 2005 wurden mehr als 14 Millionen US-Dollar an über 250.000 Kreditnehmer in Entwicklungsländern verliehen. Abbildung 13 beschreibt das Geschäftsmodell von Kiva.[33]

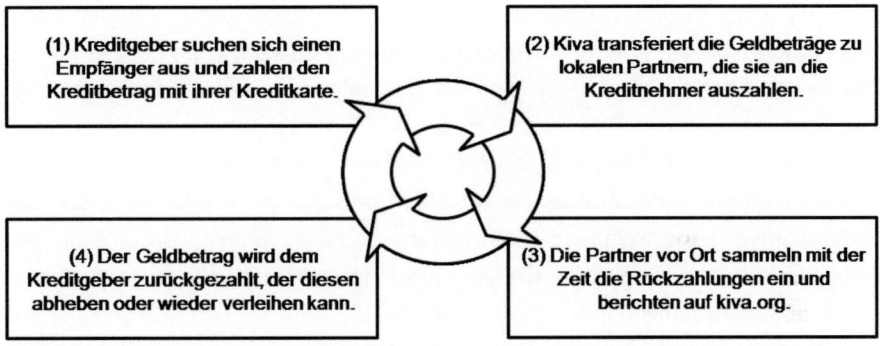

Abbildung 13: Das Kreditmodell von Kiva

Als Kreditgeber werden Menschen aus entwickelten Industrieländern angesprochen. Diese können sich auf der Webseite verschiedene Profile mit Fotos und Beschreibungen von Kleinunternehmern aus Entwicklungsländern anschauen. Dann entscheiden sie sich für ein Projekt, das sie unterstützen wollen. Den Betrag, meist 25 US-Dollar, zahlen sie per Kreditkarte an Kiva. Die Organisation arbeitet mit verschiedenen Partnern, lokalen Mikrofinanzinstituten, vor Ort zusammen. Sie verteilen die Kredite an die Kreditnehmer und sorgen dafür, dass die Rückzahlungen rechtzeitig erfolgen. Außerdem berichten die Partner über den aktuellen Stand des geförderten Projekts auf der Webseite, so dass der

---

[32] Vgl. das Beispiel zur Grameen Bank in Abschnitt 4.2.3.

[33] Die Zahlen und die Abbildung wurden der Webseite der Organisation, verfügbar unter http://www.kiva.org, Abruf 06.03.2008, entnommen.

Kreditgeber immer auf dem Laufenden ist. Nach 6-12 Monaten sollte der komplette Betrag dann wieder zurückgezahlt worden sein. Zinsen werden nicht erhoben. Diesen Betrag kann der Kreditgeber nun wiederum neu verleihen oder aber auf sein Konto zurückbuchen.

Kiva sieht sich vor allem im Wettbewerb mit konventionellen Wohltätigkeitsorganisationen. Während diese 40 Prozent an administrativen Kosten haben, kann Kiva von sich behaupten, dass 100 Prozent des eingezahlten Geldes bei den Hilfsbedürftigen ankommt (vgl. O'BRIEN, 2008). Da das Geld mit einer gegenwärtigen Rückzahlquote von 99,9 Prozent wieder zurückbezahlt wird, spendet der Kreditgeber quasi nur den entgangenen Zinsgewinn.

Wie sieht das Geschäftsmodell von Kiva aus? FLANNERY (2008) erklärt, dass die Organisation nach US-Recht gemeinnützig ist, also keine Gewinne erwirtschaften darf. Um sich trotzdem aus der Geschäftstätigkeit refinanzieren zu können, wurde das Unternehmen *Kiva User Funds, LLC* gegründet. Über diese Gesellschaft kann die Organisation Geldbeträge kurzfristig gewinnbringend anlegen. Diese Anlagemöglichkeiten kommen durch Zeitverzögerungen zwischen der Einzahlung des Geldes durch die Kreditgeber und der Auszahlung an die Kreditnehmer sowie Verzögerungen bei der Rückzahlung zustande. Außerdem lassen viele Kreditgeber ihre zurückgezahlten Kredite einige Zeit auf ihrem Kiva Konto liegen, ohne diese neu zu vergeben oder abzubuchen. Dadurch entsteht ein Kapitalstock, den das Unternehmen gewinnbringend anlegt. Eine weitere Einnahmequelle ist eine freiwillige Gebühr von 10 Prozent, die jeder Kreditgeber bei Vergabe eines Kredits an die Organisation zahlen kann (vgl. O'BRIEN, 2008).

Angesichts der bisherigen Erfolgsgeschichte darf man gespannt sein, wie sich die Webseite weiterentwickelt. Durch die intensive Berichterstattung in den Medien haben sich so viele Kreditgeber gefunden, dass die Webseite kürzlich vermeldete, dass kein Geld mehr angenommen wird. Obwohl die Summe pro einzelnen Kreditgeber auf 25 US-Dollar beschränkt wurde, konnten alle auf der Seite gelisteten Projekte zu 100 Prozent gefördert werden. Fiona Ramsey, die Pressesprecherin von Kiva, erklärt den Engpass mit dem strengen Auswahlprozess für Partnerorganisationen und Kreditnehmer (vgl. WALKER, 2008).

4.2.4 Welche Beispiele finden sich in Deutschland?

Wie hilft Dialog im Dunkeln auf wirtschaftliche Weise Blinden?

Dialog im Dunkeln [34] wurde 1988 von *Andreas Heinecke* ins Leben gerufen. Das Konzept beinhaltet eine Ausstellung in abgedunkelten Räumen. Diese durch-

---

[34] Siehe http://www.dialog-im-dunkeln.de, Abruf 08.03.2008.

wandert der Besucher zusammen mit einem blinden Führer. Dieser ist in der dunklen Umgebung plötzlich seinem sehenden Konterpart überlegen. Der Besucher muss in den Ausstellungsräumen seine anderen Sinne einsetzen. Diese werden durch verschiedene Töne, Gerüche, Temperaturen und Oberflächen, die Alltagssituationen nachstellen, stimuliert. Im Jahr 2006 fanden 17 dieser Ausstellungen in zehn verschiedenen Ländern statt. Teilweise handelt es sich dabei, wie zum Beispiel in Hamburg, um Dauerausstellungen. 480.000 Menschen besuchten in diesem Jahr die Ausstellungen, in denen 380 blinde Personen beschäftigt sind (vgl. HEINECKE, 2007).

Die verschiedenen Ausstellungen werden nicht über eine gemeinnützige Organisation, sondern über die *Consens Ausstellungs GmbH* organisiert. Diese Gesellschaft finanziert sich durch Ticketverkäufe, Seminare und Vergabe von Lizenzen (vgl. BRILLEN, 2006). HEINECKE (2007) zufolge hat sich das Franchise-System eher zufällig ergeben. Der Grund dafür waren verschiedene Nachfragen nach Know-how und nach der Erlaubnis, die Marke *Dialog im Dunkeln* benutzen zu dürfen. Inzwischen hat sich dieses System aber als sehr gute Möglichkeit erwiesen, das Konzept international zu verbreiten.

Doch Heinecke expandiert nicht nur in andere Länder. Er entwickelt auch neue Ausstellungskonzepte. So gibt es inzwischen auch das *Dinner in the Dark*[35] und die Ausstellung *Schattensprache*[36]. Letztere überträgt das Ausstellungskonzept von den Herausforderungen von Blinden auf eine neue Gruppe. Die Besucher dieser Ausstellung erleben die Welt der *nonverbalen Kommunikation* von Taubstummen.

Laut Heinecke ist das Ziel von *Dialog im Dunkeln*, Sehende und Blinde näher zusammenzubringen. Während beide Gruppen oft in einer eigenen Welt leben, kann durch den direkten Kontakt mit Blinden und der Erfahrung der Hilflosigkeit, wenn man von Dunkelheit umgeben ist, eine Annäherung stattfinden. Außer dieser gesellschaftlichen Aufgabe verhilft *Dialog im Dunkeln* blinden Menschen zu ersten Berufserfahrungen. Durch die gezielte Beschäftigung von Blinden können diese sich qualifizieren und so später aktiv am Arbeitsmarkt teilnehmen, anstatt passiv zu Hause zu sitzen und auf staatliche Wohlfahrt angewiesen zu sein.

Warum er zur Erreichung dieser Ziele nicht auf Spenden und staatliche Zuschüsse setzt, sondern auf Gewinn aus der Geschäftstätigkeit, erklärt Andreas Heinecke in einem Interview im Jahr 2006 folgendermaßen:

---

[35] Siehe http://www.dinner-in-the-dark.com, Abruf 08.03.2008.
[36] Siehe http://www.schattensprache.de, Abruf 08.03.2008.

„Ich habe keine gewinnmaximierende oder profitorientierte Ausrichtung wie ein Wirtschaftsunternehmen. Ich möchte aber - wie jeder Unternehmer auch - eine freie Entscheidung haben, wie ich Mittel einsetze und auch langfristige Zielsetzungen verfolgen. Geld hat keinen Selbstzweck, ist nicht sexy. Es ist wie Benzin und um ein Auto zu fahren, brauche ich Sprit. Und da wir Sprit brauchen, um unsere Ideen zu bewegen und soziale Wirkung zu erzielen, brauchen wir diesen Treibstoff. Ich möchte mich nicht auf Zuwendungen von Dritten verlassen, deren Motive und Wankelmut ich nicht kenne. Ich vertraue da mehr meiner eigenen Produktionskraft und weiß zumindest warum Dinge nicht klappen, wenn sie nicht klappen und muss mich nicht im allgemeinen Wehklagen ergehen.“ (HEINECKE, 2006)

Wie funktionieren Geschäftsideen auf Basis des Fair-Trade-Konzepts?

Was ist Fair Trade? Ein sehr fruchtbares Feld für Social Entrepreneurship ist *Fair Trade* oder auf Deutsch, *Gerechter Handel*. In diesem Abschnitt werden deshalb zwei deutsche Unternehmer vorgestellt, die viel zur Verbreitung von Fair Trade beigetragen haben.

Die European Fair Trade Association (EFTA) definiert Fair Trade als Handelsbeziehung, die durch besondere Transparenz und gegenseitigen Respekt geprägt ist und die ein größeres Gleichgewicht im internationalen Handel herstellen will. Durch die Unterstützung der Konsumenten aus entwickelten Ländern im Norden sollen die Rechte und nachhaltige wirtschaftliche Entwicklung von kleinen Produzenten in südlichen Entwicklungsländern gestärkt werden. Im Jahr 2005 konnten die Mitgliedsunternehmen der EFTA Umsätze in Höhe von 217 Millionen Euro erzielen, womit sich ein starker Wachstumstrend fortsetzte (im Durchschnitt 8,7 Prozent pro Jahr seit 2002). Das meist gehandelte Produkt ist noch immer Kaffee vor anderen Lebensmitteln (vgl. EFTA, 2006).

Fair-Trade-Organisationen versuchen ihre Ziele auf verschiedene Weise zu erreichen. Verbraucher zahlen einen *Aufpreis* auf fair gehandelte Produkte, der zu einem großen Teil an den Produzenten weitergereicht wird. Zur einheitlichen Kennzeichnung der Produkte haben sich mehrere Organisationen in den Fairtrade Labelling Organizations (FLO) zusammengeschlossen, die unter anderem ein einheitliches Fair-Trade-Siegel durchgesetzt haben. Außerdem unterstützen sie die Produzenten in technischen Fragen und machen eine große Öffentlichkeit auf die Probleme des ungerechten Welthandels aufmerksam. Durch diese Maßnahmen sichern sie den Produzenten, die oft in abgelegenen ländlichen Gegenden wohnen, ein geregeltes Einkommen (vgl. HULM, 2006).

Trotzdem gibt es auch einige Kritik an Fair Trade. So berichtet HULM (2006) von Zweifeln, ob der Gerechte Handel über die Abnahme von Grunderzeugnissen zu einem Aufpreis wirklich nachhaltig zur Verbesserung der Situation von Entwicklungsländern beiträgt. Stattdessen sollten eher Handelsschranken abgebaut werden und echter Mehrwert, im Vergleich zum ideellen Mehrwert durch Fair Trade, durch technische Veredelung von Rohstoffen vor Ort geschaffen werden. Wie schwierig es ist, beim Geschäft mit Fair Trade im Rahmen des Social Entrepreneurships zu bleiben und sich nicht selbst zu bereichern, zeigt HARFORD (2006). Er untersuchte die Preisunterschiede zwischen gerecht gehandeltem und regulärem Kaffee. In einem Café in London kostete Fair Trade Kaffee zehn Penny mehr als regulärer Kaffee. Der Aufpreis, den der Kaffeebauer davon erhält, entspricht aber nur einem Penny. Das Café erhöhte seine Gewinne, indem es an das soziale Gewissen seiner Kunden appellierte.

Wie machte Dieter Overath Fair Trade in Deutschland erfolgreich?

Nach dieser Einführung in Fair Trade wird nun das erste konkrete Beispiel aus Deutschland vorgestellt. Der gemeinnützige Verein *Transfair e.V*[37]. wurde 1992 gegründet und vergibt seitdem das Siegel TransFair für gerecht gehandelte Waren. Seit 2007, im Rahmen der internationalen Vereinheitlichung der Fair-Trade-Siegel, vergibt die *FLO-CERT GmbH* in Lizenz von Transfair dieses Siegel und der Verein konzentriert sich auf das Marketing und die Öffentlichkeitsarbeit. Seit 1999 gehört außerdem die Initiative *Rugmark*[38] zu Transfair. Diese setzt sich seit 1995 gegen Kinderarbeit in der Teppichindustrie ein.

FARIN (2008) berichtet über *Dieter Overath*, den ersten und auch aktuellen Geschäftsführer des Vereins. Dieser schrieb mit Transfair in den letzten 17 Jahren eine beeindruckende Erfolgsgeschichte. So ist Deutschland heute der größte Markt für gerecht gehandelte Produkte. 16 Millionen Deutsche kauften im Jahr 2007 mindestens eine der 759 verschiedenen Warenarten und erzeugten so einen geschätzten Umsatz von 150 Millionen Euro. Während die Verbesserung der Situation in Entwicklungsländern oberstes Ziel ist, trägt der Verein seine Betriebskosten, unter anderem für Personal und Marketing, komplett durch die eingenommenen Lizenzgebühren. Im Jahr 2007 waren dies 1,8 Millionen Euro. Nachdem in der ersten Welle, vor 15 Jahren, gerecht gehandelter Kaffee auf den Markt gebracht wurde, sind vor ungefähr zehn Jahren gerecht gehandelte Bananen eingeführt worden. Vor drei Jahren wurden schließlich Blumen als

---

[37] Siehe http://www.transfair.org, Abruf 14.03.2008.
[38] Siehe http://www.rugmark.de, Abruf 14.03.2008.

Produkt für Fair Trade entdeckt und aktuell kümmert sich Overath um bessere Bedingungen in der Textilindustrie.

Transfair handelt dabei nicht selbst mit Produkten, sondern vermittelt zwischen Händlern, Produzenten und Konsumenten (vgl. OVERATH, 2001). Transfair will nicht durch Almosen, sondern mit Hilfe der Marktwirtschaft Entwicklungshilfe betreiben. Dabei hat sich der Verein drei Ziele gesetzt (vgl. GARMER, 2003):

- Verhinderung von Landflucht durch die Stützung kleinbäuerlicher Strukturen,

- Verbreitung von ökologischer Landwirtschaft durch Beratung und Förderung bei der Umstellung und

- Professionalisierung und Steigerung der Qualität.

Was ist die Teekampagne? Mit der 1985 ins Leben gerufenen Teekampagne[39] nahm *Günther Faltin* das Konzept des Direktvertriebs von *Gottlieb Duttweiler*[40] auf und verband es mit dem Fair-Trade-Gedanken. Das Konzept verzichtet auf sämtliche Zwischenhändler. FALTIN (1998) verkauft mit der Teekampagne den Tee direkt in Großpackungen (zu 90 Prozent 1 kg Packungen) an die Verbraucher. Im Jahr 2007 hat sie 400.000 kg verkauft und war damit der weltweit größte Importeur von Darjeeling-Tee. Durch die Spezialisierung auf eine Teesorte, Darjeeling-Tee, den einfachen Vertriebsweg und Verzicht auf Kleinpackungen kann das Unternehmen einen sehr günstigen Preis bieten. Die Einsparungen in der Handelskette werden einerseits durch einen gerechten Preis und hohe Abnahmemengen an die Produzenten in Indien und andererseits durch einen niedrigen Verkaufspreis an die Verbraucher weitergegeben.

Der Erfolg der Kampagne hat gezeigt, dass Verbraucher bereit sind, neue Konzepte zu lernen und ihre Gewohnheiten zu ändern. Durch den Kauf von Tee auf Vorrat statt in kleinen Packungen erhalten sie einen Vorteil in Form eines günstigen Preises bei gleichzeitig höchster Qualität. Der Nutzen für die Kunden war in diesem Fall sogar so groß, dass in der Anfangsphase quasi die gesamte Finanzierung des Unternehmens durch die Vorauszahlungen der Bestellungen gedeckt wurde (vgl. FALTIN, 2001).

Inzwischen hat Faltin das Konzept der Kampagne auf neue Bereiche ausgeweitet. Mit der *CO2-Kampagne*[41] plant er aktuell die flächendeckende Versorgung mit Energiesparlampen. Dies zeigt die Richtung für viele weitere interes-

---

[39] Siehe http://www.teekampagne.de, Abruf 14.03.2008.
[40] Vgl. das Porträt in Abschnitt 4.2.1.
[41] Siehe http://www.co2kampagne.de, Abruf 14.03.2008.

sante Ideen, die aktuell von Social Entrepreneurs entwickelt werden. Die Problematik des Klimawandels und die sich technologisch schnell entwickelnden erneuerbaren Energien bilden ein fruchtbares Feld.

Was sind weitere sozial orientierte Geschäftskonzepte für Deutschland?

Sozial orientierte Unternehmen finden auch in den Medien starken Anklang. So stellt die Frankfurter Allgemeine Zeitung seit 14. März 2008 jede Woche einen Social Entrepreneur auf ihrer Homepage[42] vor. Bisher wurde über *Stattauto München*, *Armedangels* und *Utopia.de* berichtet. Das erste vorgestellte Unternehmen verbindet die Idee des Car-Sharings mit der Qualifikation von Langzeitarbeitslosen, die für *Stattauto München* die Autos pflegen. Auf diese Weise verfolgt das Unternehmen gleich mehrere Ziele. Diese beinhalten neben den klassischen Vorteilen des Car-Sharings, einer Verringerung von Abgasen durch bewusste Nutzung des Autos und der günstigen Bereitstellung von Mobilität für die Kunden, auch die Qualifikation von Langzeitarbeitslosen. Mit dieser dreifachen gesellschaftlichen Nutzengenerierung aus einem wirtschaftlichen Geschäftsmodell steht das Unternehmen vorbildlich für das Konzept des Social Entrepreneurships (vgl. OBERMEIER, 2008a). Das zweite vorgestellte Unternehmen, *Armedangels*, ist eine weitere Umsetzung der Fair-Trade-Idee. Das 2007 gegründete Unternehmen vertreibt T-Shirts aus ökologisch angebauter Baumwolle. Sie werden zu fairen Preisen bei Herstellern gekauft, die sich zu vorbildlichen Produktionsverhältnissen verpflichtet haben. Der Einsatz von Kinderarbeit ist beispielsweise tabu. Die Produktionskette wurde inzwischen mit dem TransFair-Siegel der in Abschnitt 4.2.4 vorgestellten Organisation Transfair e.V. ausgezeichnet (siehe BÖS, 2008). Das dritte der vorgestellten Unternehmen ist *Utopia.de*. Die Webseite bietet eine Plattform für Verbrauchertipps zu ökologisch korrektem Konsumverhalten. In dem Artikel über die Gründerin von *Utopia.de*, Claudia Langer, die vorher eine Werbeagentur geleitet hat, wird erklärt, warum Social Entrepreneurship einen Schritt weiter geht als ethisch handelndes Unternehmertum:

> *„Engagiertes Unternehmertum bewies sie bereits als Agenturchefin: Sie teilte Gewinne mit ihren Mitarbeitern, investierte in Ausbildung und pflegte die Firmenkultur. „Jetzt geht es eben einen Schritt weiter", so Langer. Hin zum Social Entrepreneurship. „Rendite ist für mich eben auch, wenn meine Kinder noch im Mittelmeer baden können", erläutert die 42-Jährige."* (vgl. OBERMEIER, 2008b)

---

[42] Siehe http://www.faz.net/s/RubF43C315CBC87496AB9894372D014B9BD/Tpl~Ecommon~glossar.html, Abruf 31.03.2008.

70

5 Wie kann Social Entrepreneurship in der Praxis aussehen?

Viele sind hartnäckig in Bezug auf den eingeschlagenen Weg, wenige in Bezug auf das Ziel.

(Friedrich Nietzsche)

In den vorhergehenden Kapiteln wurden die Grundlagen für ein ganzheitliches Verständnis von Social Entrepreneurship gelegt. Zum einen durch die theoretische Beschreibung in Kapitel 3, zum anderen durch die Vorstellung von Beispielen aus der Praxis in Kapitel 4. Es soll aber nicht nur ein Verständnis für Social Entrepreneurship geschaffen werden, sondern auch dazu aufgefordert werden, selbst Initiative zu ergreifen. Zu diesem Zweck wird in diesem Kapitel die praktische Umsetzbarkeit behandelt. Dabei wird im ersten Teil, in Abschnitt 5.1, der Markt für sozial orientierte Unternehmen aus volkswirtschaftlicher Sicht betrachtet. Der Fokus liegt hier vor allem auf einer mikroökonomischen Marktmodellierung. Im zweiten Teil, in Abschnitt 5.2, werden schließlich betriebswirtschaftliche Aspekte betrachtet. Der dort vorgestellte *Businessplan für Social Entrepreneurs* soll als praktische Hilfe zur Umsetzung eigener sozialer Geschäftsideen dienen.

5.1 Welche volkswirtschaftlichen Interdependenzen hat Social Entrepreneurship?

Wie bis jetzt gesehen, gibt es verschiedene Beispiele von Social Entrepreneurs sowohl gegenwärtig als auch in der Vergangenheit. Wenn sich das Konzept flächendeckend durchsetzen soll, bedarf es einer Auseinandersetzung mit den vorherrschenden mikroökonomischen Konzepten (siehe FALK, 2003).

5.1.1 Steht Social Entrepreneurship im Widerspruch zum *Homo oeconomicus*?

Eines der grundlegenden Konstrukte aktueller Wirtschaftsmodelle ist das Konzept des *Homo oeconomicus*. Darunter versteht man die Vereinfachung des Menschen, des *Homo sapiens*, auf ein rational handelndes Wesen, dessen oberstes Ziel die Maximierung seines Nutzens ist. Dieses Wesen wird verwendet, um wirtschaftliche Zusammenhänge und Modelle zu erklären. Darüber hinaus spielt das Verständnis vom Homo oeconomicus eine wichtige Rolle in angrenzenden Fragen der Soziologie, des Rechts und der Politik (vgl. FALK, 2003).

Unter anderem durch die Ergebnisse der experimentellen Wirtschaftsforschung wurde und wird der Homo oeconomicus aber immer wieder in Frage gestellt (vgl. FALK, 2003). Eines der bekanntesten Experimente dafür ist das unter anderem von THALER (1988) beschriebene *Ultimatum Spiel*. Dabei bekommt eine Person A einen bestimmten Geldbetrag, zum Beispiel 100 Euro. Diesen Geldbetrag kann sie in glatten Eurobeträgen zwischen sich und einer anderen Person B beliebig aufteilen. B entscheidet dann, ob sie die Aufteilung akzeptiert. Nimmt sie an, erhalten beide die von A bestimmten Beträge. Lehnt sie ab, erhält keiner von beiden etwas. Wären beide rational, würde Person A ihrem Mitspieler die geringstmögliche Menge anbieten, in diesem Fall einen Euro und den Rest, hier 99 Euro, für sich beanspruchen. Eine rational denkende Person B würde einen Euro akzeptieren, da sie sonst leer ausgehen würde. Das Ergebnis der Experimente ist aber, dass im Schnitt Spieler A seinem Mitspieler etwas unter 50 Prozent der Summe bietet. Im Experiment von GÜTH U.A. (1982) lag der Mittelwert bei 37 Prozent. Person B würde A nämlich durch Ablehnung bestrafen, wenn diese zu wenig bietet. Es existiert ein Fairness-Gefühl, das die Person auf einen positiven Geldbetrag verzichten lässt. Dass nicht nur die Angst vor Bestrafung eine nahezu faire Aufteilung bedingt, zeigt eine Variante des Spiels, das *Diktator Spiel*. In diesem Spiel entscheidet Person A über die Aufteilung, Person B entscheidet nichts. Selbst in diesem Fall gibt Person A noch bis zu 30 Prozent an B ab (vgl. BOLTON U.A., 1998).

Nicht nur wegen dieses Beispiels ist das Konzept des Homo oeconomicus unter Wissenschaftlern umstritten (vgl. DAHRENDORF, 2006). Obwohl es allgemein akzeptiert wird, dass die Unterstellung des unbedingten Eigennutzmotivs keine realistische Annahme ist, wird das Konzept trotzdem weiterhin verwendet. SCHLICHT (2003) begründet es damit, dass eine vollständige Abbildung des Menschen sowieso nicht möglich ist und deshalb die Eigennutzannahme nur als theoretisches Hilfsmittel dient. Es bildet damit eine Vereinfachung, die andere Handlungsmotive wie Dankbarkeit, Ärger und soziale Verpflichtungen zu Gunsten eines dominierenden Motivs, der Nutzenmaximierung, ausblendet.

Das bedeutet, dass die Annahme des *Homo oeconomicus* nicht in jedem Fall auf die Realität zutrifft und deshalb nicht geeignet ist, um jedes wirtschaftliche Handeln, wie zum Beispiel das von Social Entrepreneurship, zu beschreiben. Bei der Betrachtung der Kompatibilität von Social Entrepreneurship mit dem Homo oeconomicus werden deshalb drei Hypothesen unterschieden, die im Folgenden betrachtet werden:

1. Alle Menschen entsprechen dem Konzept des Homo oeconomicus.

2. Es gibt Ausnahmen, auch bei Unternehmern, der größte Teil der Menschen entspricht aber dem Homo oeconomicus.

3. Das Konzept des Homo oeconomicus trifft nicht zu.

Ist Social Entrepreneurship in einer rationalen Welt möglich?

In diesem Abschnitt soll untersucht werden, ob Social Entrepreneurship möglich ist, wenn die erste These, dass alle Menschen dem Konzept des Homo oeconomicus entsprechen, richtig wäre. Auf den ersten Blick erscheint es, dass ein altruistisch handelnder Unternehmer und das Konzept des Homo oeconomicus überhaupt nicht in Übereinstimmung gebracht werden können. Wie soll jemand, der absichtlich auf eigene Gewinne verzichtet, um damit die Wirkung für andere zu erhöhen noch rational handeln? In dieser egoistischen Modellwelt wären Begriffe wie Solidarität und Moral tatsächlich schwer vorstellbar. Wenn man aber die Bedeutung von Rationalität und Nutzenmaximierung genauer betrachtet, eröffnen sich dennoch Möglichkeiten, wie Social Entrepreneurship und das Konzept des Homo oeconomicus zusammenpassen könnten.

Im Prinzip besagt das rationale Verhaltensmodell nur, dass jeder in seiner Entscheidungsfindung verschiedene zur Verfügung stehende Alternativen bewertet und dann die mit dem höchsten erwarteten Wert auswählt. Er analysiert also Mittel und Ziele. Meistens sind dann aber einzelne Ziele wiederum auch nur Mittel zur Erreichung eines höheren Ziels. Dieses oberste Ziel ist die Nutzenmaximierung. Die Gewinnmaximierung eines Unternehmens ist demnach auch nur Mittel, um dieses Ziel zu erreichen. Man kann auch sagen, dass sie ein abgeleitetes Ziel ist (siehe KIRCHGÄSSNER, 2000). Das heißt aber auch, dass Gewinnmaximierung nicht zwingend und in jedem Fall den Nutzen des Unternehmers maximiert. Dieser kann auch andere Mittel zur Nutzenmaximierung wählen. In welchem Grad sich jemand als Social Entrepreneur betätigt, hängt davon ab, inwieweit er aus sozialen Alternativen Nutzen zieht, also wie sehr es ihn befriedigt, wenn andere von seinem Handeln profitieren. Wie jeder andere rationale Mensch, wird er dann die besten ihm zur Verfügung stehenden Mittel wählen, um seinen Nutzen zu maximieren.

Sind Social Entrepreneurs nur eine Ausnahme des Homo oeconomicus?

Die zweite Hypothese nimmt an, dass es Ausnahmen vom Konzept des Homo oeconomicus gibt, jedoch ein Großteil der Menschen dem Konzept entspricht. Dies würde bedeuten, dass unter der Vielzahl an Unternehmern Social Entrepreneurs nur Einzelfälle darstellen. Social Entrepreneurs wären eine „seltene Rasse" (siehe DEES, 1998). Fast noch wichtiger als die Betrachtung des Unternehmers im Rahmen des Konzepts des *Homo oeconomicus* ist aber die Betrachtung der anderen Marktteilnehmer, zum Beispiel der Konsumenten und Konkurrenten. Welche Geschäftsmodelle sind überhaupt möglich für Social Entrepreneurs, wenn alle Menschen strikt ihren eigenen Nutzen maximieren? Das Beispiel von Fair Trade[43] dürfte es dann gar nicht geben. Niemand wäre aus egoistisch rationalen Gründen bereit einen höheren Preis für seinen Kaffee zu zahlen, nur weil er weiß dass ein Bauer in Lateinamerika dafür einen gerechten Gegenwert erhalten hat (siehe BECCHETTI U. HUYBRECHTS, 2007). Genossenschaftliche Modelle[44] würden durch Trittbrettfahrer ausgenutzt werden. Das Funktionieren dieser Geschäftsmodelle zeigt, dass gerade im Bereich der sozialen Innovationen das Konzept des *Homo oeconomicus* nicht geeignet ist. Trotzdem gibt es aber Geschäftsmodelle für Social Entrepreneurs, die auch rational entscheidenden Personen einen Mehrwert bieten. So besuchen Menschen den *Dialog im Dunkeln* [45] nicht unbedingt aus Mitleid mit Blinden, sondern um ein besonderes Erlebnis zu erfahren (siehe HEINECKE, 2007).

Muss das Konzept des Homo oeconomicus überdacht werden?

Die dritte These schließlich geht davon aus, dass das Konzept des Homo oeconomicus nicht zutrifft. Auch die Tatsache, dass sich einige Bereiche von Social Entrepreneurship mit dem Konzept des Homo oeconomicus in Übereinstimmung bringen lassen, reicht nicht aus, um das gesamte Phänomen zu erklären. Wenn die Abweichungen zwischen Realität und Modell zu groß sind, muss das Konzept des Homo oeconomicus fallen gelassen werden. Dadurch ließen sich die Beispiele in Kapitel 4 am besten erklären.

Doch welche Konzepte funktionieren, wenn sich das Konzept des Homo oeconomicus als unbrauchbar erwiesen hat? Eine Möglichkeit wäre natürlich jegliche Konzepte zu vermeiden und immer möglichst vom konkreten Fall auszugehen. Da dies aber oft nicht möglich ist, haben verschiedene Autoren andere Konzepte vorgeschlagen. FALK (2003) hat in Experimenten gezeigt, dass sich die Menschen nicht nach den Annahmen des Homo oeconomicus verhalten, sondern eher nach dem von ihm vorgeschlagenen Konzept des *Homo reciprocans*. Dies leitet sich von *Reziprozität* ab. Damit wird das Verhalten beschrieben, in Experimenten freundliches Handeln zu belohnen und unkooperatives zu bestrafen.

---

[43] Vgl. die Beschreibung in 4.2.4.

[44] Siehe Abschnitt 4.2.1 und 4.2.3.

[45] Siehe die Beschreibung in Abschnitt 4.2.4.

In dieselbe Richtung geht der Entwurf von DAHRENDORF (2006). Er schlägt vor den *Homo sociologicus* zu betrachten. Dieser handelt gemäß seiner Rolle in der Gesellschaft und orientiert seine Entscheidungen an Normen und Erwartungen der Gesellschaft und Mitmenschen. Diesem Normen-basierten Ansatz folgt auch STEHR (2007) in seinem Buch „Die Moralisierung der Märkte". Er fordert den Abschied vom Konzept des Homo oeconomicus, da Menschen eben nicht dem Motto „Geiz ist geil" folgen.

Die Untersuchung von HIBBERT U.A. (2005) zu den Gründen von Konsumenten, eine Obdachlosenzeitung zu kaufen, zeigt, dass die Wirklichkeit wohl in der Mitte, zwischen verschiedenen Motiven und Antriebsgründen, liegt. Obdachlosenzeitungen bieten benachteiligten Menschen ohne Zuhause eine Einkommensquelle. Sie sind deshalb in gewisser Weise ein Beispiel für Social Entrepreneurship. Mit einem Teil der Einnahmen deckt die Organisation hinter der Zeitung ihre Kosten, während der Aufpreis an die obdachlosen Verkäufer geht. Dies stellt eine Art der *Hilfe zur Selbsthilfe* dar. In einer rein rationalen Welt wäre ausschließlich die Qualität der Zeitschrift entscheidend für den Kauf. Eventuell käme noch die Erleichterung von Schuldgefühlen gegenüber dem Verkäufer hinzu. Hibbert u.a. haben hingegen gezeigt, dass sich die tatsächliche Motivation aus verschiedenen Komponenten zusammensetzt. Von denen sind die genannten nur ein Teil. Hinzu kommen altruistische Motive wie Empathie für die Lage des anderen und der Wille zu helfen.

Die drei untersuchten Hypothesen zeigen, dass sich Social Entrepreneurship auch unter Annahme des klassischen Konzepts des *Homo oeconomicus* zumindest zu einem gewissen Teil erklären lässt. Trotzdem wären die Perspektiven dafür unter diesen Annahmen beschränkt. Ganz anders sieht es aus, wenn man der Argumentation des dritten Falles folgt und das Konzept des Homo oeconomicus nicht anwendet, sondern stattdessen andere Werte wie soziale, politische und kulturelle Ziele des Menschen betont. Diese stellen eine Chance für Social Entrepreneurship dar. Sie bieten Potenzial und Spielraum für neue Unternehmer. Auf diese Weise erscheinen Geschäftsmodelle, die nicht an den nutzenmaximierenden Verbraucher appellieren, realisierbar. Hilfreich ist es auch, den Menschen vielschichtiger zu betrachten. So sind die egoistischen lebenserhaltenden Bedürfnisse nur ein Teil von uns, der nur in Drucksituationen oder großer Not dominiert. Parallel zu dem Modell von Maslow (siehe Abschnitt 2.3.1) würde der Mensch sich, sobald die Grundbedürfnisse befriedigt sind, höheren Zielen zuwenden. Die Vielfalt dieser Ziele kann durch das Konzept des Homo oeconomicus nicht abgedeckt werden. Dieses Modell ist allenfalls *fallweise zutreffend*. In bestimmten Situationen ist es nützlich, in anderen nicht.

5.1.2 Was bedeutet das Auftreten von sozial orientierten Unternehmen für den Markt?

Was passiert nun, wenn sozial orientierte Unternehmen mit ethischen Standards gleichzeitig mit gewinnorientierten Unternehmen mit niedrigeren Standards am Markt auftreten? BECCHETTI U. HUYBRECHTS (2007) haben dafür den Fall von Fair-Trade-Unternehmen gegenüber konventionellen, gewinnmaximierenden Unternehmen untersucht. Unter der Annahme der Heterogenität bei der Gewichtung von ethischen Faktoren in der Entscheidungsfindung kommt es zu einer Zweiteilung des Marktes in ein Segment für preissensitive und ein Segment für ethisch-sensitive Konsumenten.

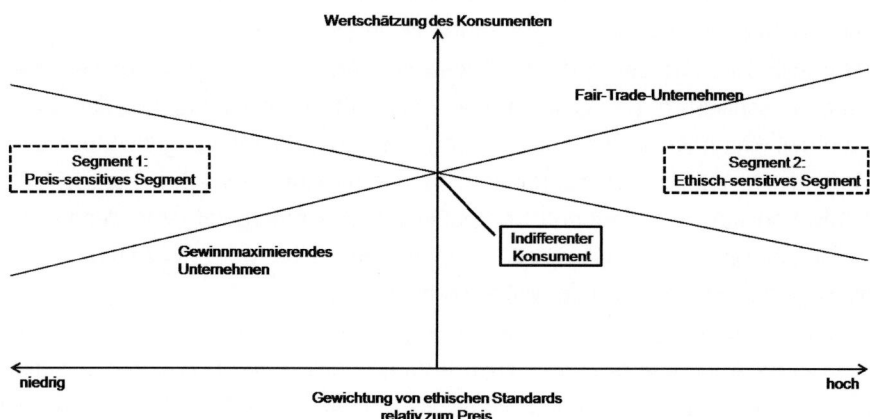

Abbildung 14: Segmentierung des Marktes durch Social Entrepreneurship (eigene Darstellung nach BECCHETTI U. HUYBRECHTS, 2007)

Abbildung 14 veranschaulicht diese Zweiteilung. Die Wertschätzung, die auf der y-Achse aufgetragen ist, addiert sich aus dem Preis und dem erwarteten sozialen Mehrwert des Produktes. Es wird angenommen, dass die Wertschätzung eines Produktes mit sinkendem Preis steigt (unter der Voraussetzung gleichbleibender Qualität). Außerdem steigt die Wertschätzung mit dem Grad des Mehrwerts für die Gemeinschaft. Auf der x-Achse ist die persönliche Präferenzsetzung des Konsumenten aufgetragen. Legt er besonders hohen Wert auf den Preis und eher geringen Wert auf ethische Standards, so wird er auf der horizontalen Achse links zu finden sein. Je höher die ethischen Standards des Konsumenten sind, desto mehr schätzt er die Produkte des Fair-Trade-Unternehmens, auch wenn dieses einen höheren Preis verlangt. Auf diese Weise ergibt sich rechts vom indifferenten Konsumenten ein ethisch-sensitives Marktsegment, in dem Fair-Trade-Unternehmen gewinnmaximierenden Unternehmen überlegen sind. Auf der linken Seite hingegen befindet sich das Preis-sensitive Segment. Das Fair-Trade-Unternehmen aus dem Beispiel kann stellvertretend für andere sozial orientierte Geschäftsmodelle stehen.

Eine ähnliche Fragestellung wie die eben beschriebene untersuchte HANDY (1997). Sie betrachtete einen Markt, auf dem gewinnorientierte Unternehmen (For-Profits, FPs), staatliche Einrichtungen (government-run institutions, GPs) und Non-Profit-Organisationen (NPs) tätig sind. Als Beispiel hierfür wählte sie Altenheime.

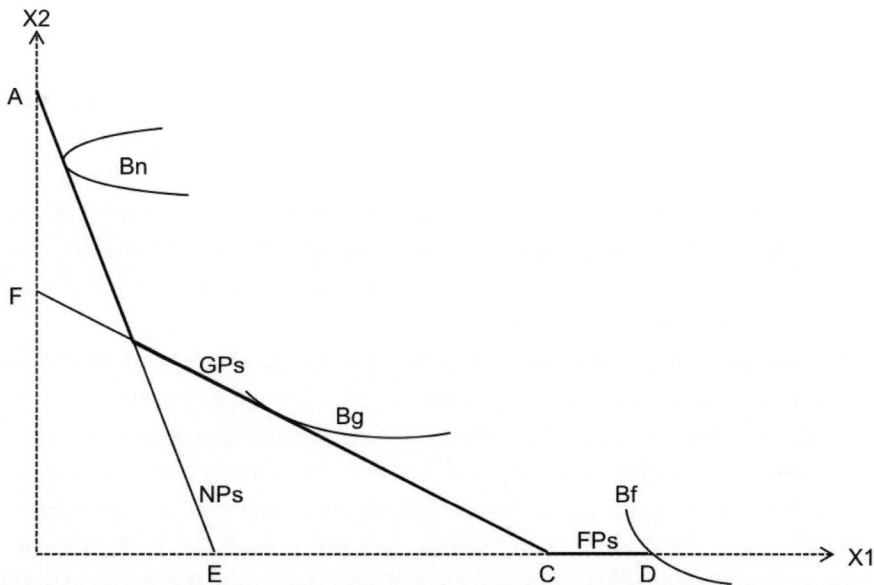

Abbildung 15: Koexistenz von verschiedenen Unternehmensarten auf einem heterogenen Markt (siehe HANDY, 1997)

Abbildung 15 zeigt einen heterogenen Markt, auf dem Altenheime unter drei verschiedenen Trägerschaften koexistieren können. Der Grund liegt in den unterschiedlichen Nutzenfunktionen der Konsumenten (Bn, Bg, und Bf). Der Nutzen wurde in die beiden Einflussfaktoren X1 und X2 aufgeteilt. X1 sind leicht zu überprüfende Eigenschaften, X2 sind nicht überprüfbare Eigenschaften. Beispiele für ersteres sind der technische Stand der Ausstattung und der Ausbildungsgrad des Personals. X2-Faktoren sind emotionale, schwer messbare und in Zahlen fassbare Merkmale, wie die Fürsorglichkeit der Pflege. In der Studie wird davon ausgegangen, dass gewinnmaximierende Unternehmen nur messbare Einflussfaktoren erfüllen, aber keine nicht-überprüfbaren Faktoren in

X2-Richtung. Da diese vom Kunden nicht direkt wahrgenommen werden, beeinflussen sie nicht den Gewinn. Demnach ergibt sich für diese Unternehmen eine Budgetgerade CD. Da die Studie annimmt, dass Non-Profit-Organisationen eine geringere Effektivität als gewinnorientierte Unternehmen haben, schneidet ihre Budgetgerade X1 in E. Dafür leisten NPs aber auch Leistungen in X2-Richtung. Im Beispiel der Altenheime kann das eine besonders mitfühlende Pflege sein. Auch staatliche Einrichtungen bieten Leistungen in X1- und X2-Richtung an. Bei den *harten* Faktoren, der X1-Dimension, können sie zum Beispiel durch spezielle Gesetze, Steuererleichterungen und Subventionen bei dem gleichen Budget mehr Leistung bieten als Non-Profits. Dafür sind sie in der X2-Dimension, den *weichen* Faktoren, Non-Profits unterlegen. Da staatliche Einrichtungen ihre Leistungen an die Bedürfnisse eines breiten, dem Durchschnitt der Bevölkerung entsprechenden Zielpublikums anpassen müssen, können sie nicht individuell auf einzelne Fälle eingehen. Daraus folgt die Budgetgerade FC. Da die Gruppe der Konsumenten als heterogen angenommen wurde, hat jeder Konsument eine unterschiedliche Indifferenzkurve, die sich jeweils im Optimum mit den unterschiedlichen Budgetgeraden der verschiedenen Anbieter schneidet. Auf diese Weise lässt sich eine Koexistenz der verschiedenen Unternehmenskonzepte auf einem heterogenen Markt erklären.

Auf Basis dieser Überlegungen kann nun der Markteintritt eines sozial orientierten Unternehmens (Social Enterprise, SE) durchgespielt werden. Dabei gibt es verschiedene Möglichkeiten, wie eine Marktkonstellation aussehen könnte. Wie im vorher beschriebenen Fall mit drei verschiedenen Unternehmensarten spielen dabei die Nutzenfunktionen der Konsumenten quasi keine Rolle. Da von einem heterogenen Markt ausgegangen wird, kann jede Art einer konvexen Indifferenzkurve auftreten. Entscheidend ist, wo die Budgetgerade des Unternehmens, das nach den Prinzipien von Social Entrepreneurship wirtschaftet, liegt. Zwei mögliche Konstellationen werden dabei in Abbildung 16 gezeigt.

Für den Schnittpunkt I der Budgetgeraden mit der X2-Achse kann angenommen werden, dass er zwischen F und A liegt. Das bedeutet, dass die *weichen* Faktoren des Produktes oder der Dienstleistung eines sozial orientierten Unternehmens maximal so gut sein können wie die einer Non-Profit-Organisation und minimal so gut wie die eines staatlichen Angebotes. Dies sollte eine in den meisten Fällen zutreffende Annahme sein. Die Begründung dafür ist, dass im Vergleich zum Staat eine höhere Individualisierung der Leistung möglich ist. Im Unterschied zu Organisationen, die sich komplett durch Spenden finanzieren, muss jedoch etwas mehr auf Marktgegebenheiten geachtet werden.

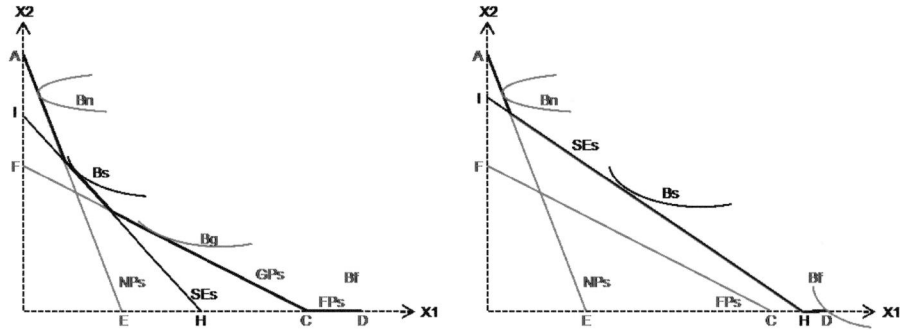

Abbildung 16: Erweitertes Modell mit vier verschiedenen Arten von Anbietern (eigene Darstellung)

Für den zweiten Schnittpunkt, Schnittpunkt H zwischen der Budgetgeraden und der X1-Achse, sind unterschiedliche Fälle denkbar. Als äußerste Ränder können zuerst wieder zwei Punkte ausgemacht werden. Als Minimum der Schnittpunkt E der Non-Profit-Organisation. Dies erklärt sich unter anderem damit, dass eines der Ergebnisse von Social Entrepreneurship sein muss, Leistungen effektiver zu erbringen als konventionelle Non-Profit-Lösungen. Als Maximum kann D angenommen werden, der Schnittpunkt des gewinnorientierten Unternehmens mit der X1-Achse. Dieses wird alles daran setzen, gemessen an *harten* Faktoren das beste Produkt anzubieten (man beachte, dass hier von einem Markt wie der Altenpflege ausgegangen wird, bei dem tatsächlich alle vier Arten von Anbietern Dienstleistungen erbringen). Demnach bleiben nun noch zwei Fälle übrig, die mit einer hohen Wahrscheinlichkeit auftreten können.

1. H < C: Dieser Fall ist im linken Diagramm der Abbildung 16 zu sehen. Er tritt auf, wenn ein staatliches Unternehmen zum Beispiel durch Steuergelder so stark gefördert wird, dass es ein in X1-Dimension besseres Produkt als das sozial orientierte Unternehmen auf den Markt bringen kann. Dann kann es, wie in der Abbildung gezeigt, zu einer Koexistenz von allen vier Unternehmensarten kommen (wenn der bessere Wert auf der X2-Achse den Unterschied auf der X1-Achse ausgleicht). Es kann aber auch der Fall eintreten, dass die Budgetgerade IH des sozial orientierten Unternehmens tiefer verläuft, so dass es nicht auf dem Markt bestehen kann.[46]

2. H > C: Im rechten Diagramm der Abbildung 16 zu sehen. Das sozial orientierte Unternehmen kann nach harten Faktoren, wie etwa dem Preis

---

[46] Diese Konstellation ist nicht in der Abbildung 16 gezeigt. Man denke sich im linken Diagramm die Gerade HI links des Schnittpunktes der Geraden FC und AE.

gemessen, ein besseres Gut als das staatliche Unternehmen anbieten. Dies wird zum Beispiel durch Effektivitätssteigerungen erreicht. Damit drängt es den staatlichen Anbieter vom Markt.

Obwohl diese Überlegungen abstrakter und theoretische Natur sind, bieten sie dennoch sinnvolle Erklärungsansätze. Wie im Verlauf der Arbeit gezeigt, ist Social Entrepreneurship vor allem in Staaten erfolgreich, in denen es einen schwachen staatlichen Sektor gibt, wie zum Beispiel in den USA, oder wenn staatliche Einrichtungen unter Korruption und geringer Effektivität leiden, wie zum Beispiel in Entwicklungsländern.

5.1.3 Wie führt Social Entrepreneurship zu einer höheren Effizienz und Effektivität?

Wie in Abschnitt 3.2.3 dargestellt, ist eine der Hoffnungen, die mit Social Entrepreneurship verbunden werden, eine bessere Erfüllung von Aufgaben, um die sich bisher die staatliche Wohlfahrt oder wohltätige Institutionen gekümmert haben. Aufgrund der relativ zu konventionellen Lösungen geringen Durchdringung von Social Entrepreneurship gibt es noch keine umfassende Studie, die die Effizienz und Effektivität der verschiedenen Ansätze empirisch vergleicht. Dies ist nur möglich, wenn das Konzept konsequent verfolgt und gefördert wird, damit sich eine aussagekräftige Datengrundlage bildet (vgl. DEES, 2007).

Trotzdem kann man durch die Betrachtung von Einzelfällen schon erste Anzeichen für eine höhere Effektivität und Effizienz finden. Darüber hinaus können theoretische Überlegungen vorgenommen werden, die noch empirisch belegt werden müssten.

Theoretische Vorteile von Social Entrepreneurship lassen sich aus den verschiedenen Strukturen der Leistungserbringung ableiten. Nach DEES (2007) hat die Vergangenheit gezeigt, dass sich Lösungen zu sozialen Problemen nicht über wissenschaftliche Untersuchungen oder Planung vorhersagen lassen. Viele Aktionen aus diesem Bereich basieren daher auf einem Prozess, während dem neue Ideen ausprobiert und gegebenenfalls wieder fallen gelassen werden. Außerdem ändern sich die Rahmenbedingungen und Ansprüche über die Zeit, so dass es keine *Lösung* geben wird, die für immer gültig ist. In dieser Umgebung stellt Dees einen strukturellen Vorteil von Social Entrepreneurship besonders gegenüber Lösungen von Regierungsseite fest. Dieser ist in der dezentralen Organisation und der Fähigkeit, höhere Risiken zu tragen, begründet. Während staatliche Stellen oft durch Bürokratie, Gesetzgebungsverfahren, Budgets und politische Bedenken eingeschränkt sind, können Social Entrepreneurs ihre Lösungen auf bestimmte Zielgruppen ausrichten und am Markt testen.

„Because of the creative nature of this process, centralizing social problem solving makes about as much sense as centralizing art production." (DEES, 2007)

MARTIN (2004) hat auf Basis von Einzeluntersuchungen folgende Hypothese aufgestellt, die er aktuell in einer weltweiten Studie überprüft:

„Social entrepreneurs have comparative advantages in creating social value when a given set of circumstances is present."

Den *sozialen Mehrwert* misst er dabei anhand von zwei Elementen. Zuerst betrachtet er die *direkte soziale Wirkung*. Dies ist die Auswirkung auf das Leben der direkt von der Unternehmung adressierten Menschen. Als Beispiel gibt er eine sozial orientiere Firma an, die kleine Wasserpumpen in Entwicklungsländern verkauft. Diese konnten pro Budgetdollar mehr Einkommen und Wohlstand für die betroffene Bevölkerung schaffen, als es anderen Initiativen möglich war. Das andere Element, das er untersucht, ist die *soziale Innovation*. Dieser Messwert bezieht sich auf das Ausmaß an sozialem Wandel, der pro Budgetdollar erreicht wird.

Nach Meinung des Autors dieser Arbeit ist eine Messung der abstrakten Größe *soziale Innovation* sehr schwierig. Außerdem sollten die Effektivität und Effizienz nicht nur in Bezug auf *Budgetdollar* gemessen werden, sondern zum Beispiel auch auf die Zeit, die Menschen in solche Projekte stecken, in Bezug gesetzt werden. Nicht zuletzt leben viele Projekte im sozialen Sektor vom Einsatz hoch motivierter Freiwilliger.

Einen anderen Ansatz zur Bestimmung der Wirkung präsentiert LEADBEATER (1997). Er identifizierte die folgenden fünf Säulen, auf denen die Vorteile von Social Entrepreneurship basieren:

Problemlösung: Durch vielfältige Herangehensweisen und die Möglichkeit zum Experimentieren können Social Entrepreneurs neue innovative und effektive Lösungen zu drückenden Problemen wie der AIDS-Krise oder Massenarbeitslosigkeit entwickeln.

Effiziente Angebote: Effizienzsteigerungen, vor allem gegenüber staatlichen Einrichtungen, können durch flexible, unbürokratische Prozesse und motivierte Mitarbeiter erreicht werden. Als Beispiel nennt Leadbeater hier die im

Vergleich zu staatlichen Stellen günstigere Versorgung von Heroinsüchtigen in Großbritannien durch ein Social Enterprise.

Aktive Wohlfahrt: Indem Bedürftige als Kunden betrachtet und behandelt werden, entwickeln sie ein größeres Verantwortungsgefühl für ihr Leben. Oft hilft es mehr, das Selbstbewusstsein und die Selbstachtung der Betroffenen zu steigern, als ihnen einfach durch eine anonyme staatliche Stelle Geld auszubezahlen.

Arbeitsplätze und Ergebnisse: Oft erzielt die eigentliche Tätigkeit von Social Entrepreneurs positive Ergebnisse, zum Beispiel durch die Schaffung von Arbeitsplätzen. Idealerweise ist die Zielgruppe im Wertschöpfungsprozess eingebunden und erzeugt durch Hilfe zur Selbsthilfe effektive Ergebnisse in zweifacher Hinsicht.

Erzeugung von sozialem Kapital: Social Entrepreneurs bauen Verbindungen zu lokalen Gemeinden auf und knüpfen so ein effektives, individuelles Netzwerk. Langfristige Beziehungen und Kooperationen bilden oft erst die Grundlage für nachhaltigen Wandel.

Abschließend soll noch vor einem Zirkelschluss bei der Betrachtung der Effektivität und Effizienz gewarnt werden. Bei der Untersuchung dieser Faktoren müssen erfolgreiche und nicht erfolgreiche Social Entrepreneurs betrachtet werden. Nach vielen Definitionen ist effektiver und effizienter als bestehende Lösungen zu arbeiten nämlich schon eine Voraussetzung, um als Social Entrepreneur betrachtet zu werden.

5.2 Wie kann ein Businessplan auf Basis der *sieben Prozesse* von Werner aussehen?

Während relativ viel Literatur zu Definitionen und Beispielen von Social Entrepreneurship existiert, wurden Wege der Implementierung nur in Einzelfällen untersucht (vgl. JOHNSON, 2000). Das führt unter anderem dazu, dass das Bild des Social Entrepreneurs oft heroisiert wird. Während ein Herausstellen von Vorbildern gut für die generelle Verbreitung der Idee ist, kann dies aber auch hinderlich sein. Wird der Typus des Social Entrepreneurs als unerreichbares Idealbild projiziert und kein Weg aufgezeigt, wie man dieses erreichen kann, wird Potenzial verspielt. Aus diesem Grund soll an dieser Stelle eine Vorlage für einen *Businessplan für Social Entrepreneurship* erarbeitet werden. Um dabei den besonderen Rahmenbedingungen gerecht zu werden, findet hier das von

Götz W. Werner in der Vorlesung Entrepreneurship an der Universität Karlsruhe (TH) entwickelte Modell der *sieben Prozesse* Verwendung.

5.2.1 Warum braucht man einen Businessplan?

Zuerst stellt sich die Frage, warum man überhaupt einen Businessplan braucht. Nach SCHWETJE U. VASEGHI (2004) ergibt sich der Nutzen eines Businessplans sowohl aus interner als auch aus externer Betrachtung. Der internen Sichtweise liegt die Notwendigkeit der Planung zu Grunde. Bevor man eine Unternehmung zusammen mit anderen startet, ist es wichtig, dass sich alle über das Ziel und den dorthin führenden Weg im Klaren sind. Der Businessplan ist hierfür ein Instrument, das die gemeinsamen Gedanken und Vorhaben strukturiert auf Papier bringt. Dabei werden an gewissen Stellen bewusst Entscheidungen gefordert, auf die man ohne systematisches Durchdenken gar nicht gestoßen wäre. Der Businessplan dient als Leitfaden oder Landkarte, um sich gerade zu Beginn orientieren zu können. Zum Prozess der Businessplan-Erstellung gehört, auf Wissenslücken zu stoßen, die es zu füllen gilt. Durch Abgleich mit den gesetzten Zielen kann im weiteren Verlauf der Fortschritt gemessen und gegebenenfalls gegengesteuert werden. Außerdem erfüllt der Businessplan verschiedene externe Zwecke. So dient er zur Information potenzieller Partner. Darüber hinaus ist der Businessplan das klassische Kommunikationsmittel, um das Vertrauen von Eigenkapital- und Fremdkapitalgebern zu erlangen. Während Eigenkapitalgeber, wie Venture Capital Gesellschaften und Business Angels, meist vor allem am Wachstumspotenzial und der erwarteten Rendite interessiert sind, legen Fremdkapitalgeber, wie Banken, vor allem Wert auf geringes Risiko und eine frühe Rückzahlung der Kredite.

Im Fall des sozial orientierten Unternehmens ist eine möglichst große Transparenz nach außen besonders wichtig. So eignet sich ein Businessplan, um das Vertrauen aller Interessengruppen zu gewinnen. Gerade wenn der soziale Gewinn im Vordergrund steht, wird von der Öffentlichkeit stark auf die Erfüllung der gesteckten Ziele geachtet. Wie in den folgenden Abschnitten zu sehen ist, benötigt gerade auch ein sozial orientiertes Unternehmen das Vertrauen von Gläubigern.

Businesspläne sind häufig sehr ähnlich aufgebaut, so dass stellvertretend das Schema von CHRISTEA U.A. (2007) herausgegriffen und vorgestellt wird. Das Inhaltsverzeichnis eines klassischen Businessplans sieht für gewöhnlich wie folgt aus:

1. Executive Summary,

2. Produkt/Dienstleistung,

3. Unternehmerteam,

4. Marketing,

5. Geschäftssystem und Organisation,

6. Realisierungsfahrplan,

7. Risiken,

8. Finanzplanung.

Die Executive Summary ist das Erste und manchmal auch Einzige, das von einem Businessplan gelesen wird. Dementsprechend muss hier ein kurzer Überblick über das komplette Vorhaben gegeben werden. Im Kapitel zu Produkt und Dienstleistung wird beschrieben, welchen Nutzen das Unternehmen dem Kunden bringt. Es wird die Frage beantwortet, was die Geschäftsidee einzigartig macht und wie das Geschäftsmodell aussieht. Das Unternehmerteam wird als Nächstes beschrieben. Für manche Investoren sind die Personen hinter der Idee sogar noch wichtiger als die eigentliche Idee. Neben den Fähigkeiten der Gründer wird beschrieben, wie das Team zusammenarbeitet und wer welche Aufgaben übernimmt. Hier kann auch festgestellt werden, auf welchen Gebieten noch Verstärkung gesucht wird. Darauf folgt die Beschreibung des Marketings. Diese beinhaltet sowohl einen Überblick über den Markt, als auch die Art und Weise, wie man seine Leistungen bekannt machen will. Bei der Marktanalyse sind vor allem potenzielle Wettbewerber, der Zielmarkt, das Marktvolumen und der angestrebte Marktanteil von Interesse. Wie der Kundennutzen erreicht werden soll und das Produkt oder die Dienstleistung erstellt wird, wird schließlich im Kapitel über Geschäftssystem und Organisation erklärt. Es beinhaltet die Wertschöpfungskette, die Organisationsstruktur im Unternehmen und den Standort. Außerdem soll herausgestellt werden, welchen Teil das Unternehmen selbst fertigt und welcher Teil durch Partner übernommen wird. Die nächsten Schritte der Unternehmensgründung werden im Realisierungsfahrplan beschrieben und terminiert. Dabei sollten die wichtigsten Meilensteine herausgestellt werden. Bei der anschließenden Betrachtung der Risiken geht es darum, dass bestimmte Gefahren bewusst werden und man plant, wie auf diese zu reagieren ist. Die Sensitivitätsanalyse bestimmt die Empfindlichkeit der Planung beim Eintreten bestimmter Szenarien. Außerdem sollen Stärken und Schwächen realistisch gegenübergestellt werden. Abgeschlossen wird der Businessplan mit einer ausführlichen Betrachtung der finanziellen Situation. Wichtige Bestandteile dabei sind die Umsatz- und Kostenplanung sowie die davon abgeleitete Gewinn- und Verlust- sowie Liquiditätsrechnung. Normalerweise werden die finanziellen Ergebnisse des Unternehmens auf fünf Jahre voraus projiziert und daraus für Investoren wichtige Kennzahlen berechnet.

5.2.2 Was ist das Konzept der *sieben Prozesse*?

Das im letzten Abschnitt vorgestellte Modell eines Businessplans hat sich für konventionelle Unternehmen etabliert und wird dort erfolgreich verwendet. Es wird von allen Beteiligten positiv aufgenommen, sobald sie den Zeitaufwand für die Erstellung und die Empfindlichkeit gegenüber aktuellen Marktgegebenheiten akzeptiert haben (vgl. SCHWETJE U. VASEGHI, 2004). Trotzdem stellt sich die Frage, ob es auch für Social Entrepreneurship eine zufriedenstellende Variante darstellt?

Warum braucht Social Entrepreneurship ein eigenes Businessplan-Konzept?
Ein Grund für die Verwendung des eben vorgestellten Schemas wäre, dass es einem an Unternehmensgründungen interessierten Personenkreis bekannt ist. Deshalb stellt es eine Form dar, die ein schnelles Verstehen und Vergleichen von Geschäftsideen erlaubt. Dagegen spricht, dass, wie in der bisherigen Arbeit hinreichend beleuchtet wurde, das Ziel von Social Entrepreneurship ein anderes ist, als möglichst hohe monetäre Gewinne zu erzielen. Das klassische Businessplan-Schema hat aber den Finanzplan und die Bestimmung der Rendite zum Ziel. Darüber hinaus ist der Aufbau mechanisch, es werden meist einzelne Teile zusammengesetzt, ohne ihre Wechselwirkungen genauer zu betrachten. Dieser *systemtheoretische* Ansatz reduziert das soziale Gebilde des Unternehmens (vgl. WERNER, 2004a). Als sozio-kulturelles Vorhaben sollte Social Entrepreneurship die gemeinschaftsbezogene Ausrichtung nicht nur nach außen, sondern auch im Innenverhältnis des Unternehmens demonstrieren. Für diesen Zweck hält der Autor dieser Arbeit das Konzept von WERNER (2005b) für geeignet, da es das Unternehmen als sozialen Organismus anstatt eines mechanischen Systems aus Zahnrädern betrachtet. Dies entspricht dem Selbstverständnis vieler Social Entrepreneurs (siehe z.B. FOWLER, 2000).[47] Während sich der klassische Businessplan vor allem an *„Wachstumsunternehmen"* (CHRISTEA U.A., 2007) richtet, sind sozial orientierte Unternehmen eher *Entwicklungsunternehmen*. „Entwicklungsfähigkeit ist für ein Unternehmen wichtiger als Wachstumsfähigkeit"

---

[47] Ein herausragendes Beispiel eines sozio-kulturell orientierten Unternehmens, das den Gedanken des sozialen Organismus komplett aufgenommen und umgesetzt hat, ist *Sekem*. Die Lektüre des Buches des Gründers von *Sekem*, Ibrahim ABOULEISH (2004), ist sehr zu empfehlen. Darin beschreibt er, wie er in der Wüste von Ägypten ein fruchtbares Unternehmen, das gleichzeitig eine organische Lebensgemeinschaft für viele Menschen bildet, großgezogen hat.

(WERNER, 2004a, S. 8). Analog dazu, dass Gewinn nur ein Mittel zum Zweck ist, stellt Wachstum nicht das oberste Ziel dar. Organisches Wachstum ist Ergebnis von Entwicklung. Das Ziel muss sein, die Entwicklungsfähigkeit der am sozial orientierten Unternehmen beteiligten Menschen, wie zum Beispiel der Kunden einer Mikrokredit-Bank, auszubilden.

Es kann folglich tatsächlich sinnvoll sein, eine neue Form der Planung und Kommunikation für einen sozial orientierten Geschäftsplan zu entwickeln. Dadurch kann Social Entrepreneurship seinen besonderen Fokus und seine spezifische Herangehensweise nach außen demonstrieren. Im folgenden Abschnitt wird zur Vorbereitung das Konzept der sieben Lebensprozesse des Unternehmens, unter Berücksichtigung der Wechselwirkungen zwischen einzelnen Prozessen, vorgestellt. Im darauf folgenden Abschnitt wird schließlich das Gerüst für einen Businessplan unter Berücksichtigung der Herausforderungen von Social Entrepreneurship vorgestellt.

Was sind die sieben Lebensprozesse des Unternehmens?

Das Konzept der *sieben Prozesse* basiert auf einer ganzheitlichen Sichtweise des Unternehmens als sozialen Organismus. Wie bei einem biologischen Organismus gilt, dass die gesamte Organisation gefährdet ist, wenn einzelne Bereiche nicht berücksichtigt werden oder zu schwach sind. Durch das prozesshafte Zusammenarbeiten der einzelnen Organe funktioniert das Unternehmen, das nichts anderes als eine „Gemeinschaft von Menschen" (WERNER, 2005b, S. 2) ist, die sich für das „*organisierte Miteinander-Füreinanderleisten*" (WERNER, 2004a, S. 2) zusammengetan haben. Abbildung 17 zeigt die sieben Lebensprozesse des Unternehmens nach WERNER (2005b). Die Verbindungspfeile zwischen einzelnen Punkten stellen dabei die Zusammenhänge zwischen Prozessen dar. Der Richtung der Pfeile folgt auch der Aufbau des später vorgestellten Businessplans.

Beim Prozess des *Zielens* geht es darum, sich darüber klar zu werden, was man erreichen will. Dabei müssen eigene Fähigkeiten mit den Bedürfnissen des Marktes in Übereinstimmung gebracht und dadurch realistische Vorstellungen für die Zukunft entwickelt werden. Die Kernfrage des zweiten Prozesses, des *Lernens*, ist: „*Was müssen wir uns noch aneignen, um vom Ausgangspunkt zum Ziel zu gelangen?*" Eine wichtige Eigenschaft ist hierbei die Bereitschaft, aus eigenen Erfolgen und Fehlern zu lernen. Wenn man sich auf die gemeinsamen Ziele und darüber, was man auf dem Weg dorthin noch lernen muss, verständigt hat, geht es darum zu *leisten*. Dabei müssen alle Bestandteile der Leistung, wie Qualität, Zuverlässigkeit und Funktionalität, betrachtet werden. Durch den nächsten Prozess, das *Formgeben*, gibt sich das Unternehmen nach außen und nach innen ein Profil. Nach außen geschieht dies zum Beispiel durch die Wahl der Rechtsform, wodurch das Unternehmen als solches erkennbar wird. Nach innen geht es darum, abzustecken, wer für welchen Bereich, je nach seinen Fähigkeiten, zuständig ist. Es wird eine *Corporate Identity* geschaffen. Nachdem die Form gefunden und die operative Arbeit aufgenommen wurde, gewinnt das *Haushalten*, das Verwalten und der richtige Einsatz von knappen Ressourcen, an Wichtigkeit. Das betrifft zum Beispiel die Finanz-, Betriebs- und Arbeitsmittel. Der Prozess des *Hörens* schließlich beschäftigt sich damit zu erfahren, wie die Resonanz auf die Leistung des Unternehmens ist. Dies muss ein permanenter Prozess zur Aufnahme der Bedürfnisse des Marktes sein. Der siebte und gleichzeitig alle anderen Prozesse harmonisierende und verbindende Prozess ist das *Koordinieren*. Darin werden alle anderen Prozesse dynamisch gestaltet und kontinuierlich verbessert (zur Beschreibung der einzelnen Prozesse vgl. WERNER, 2004a).

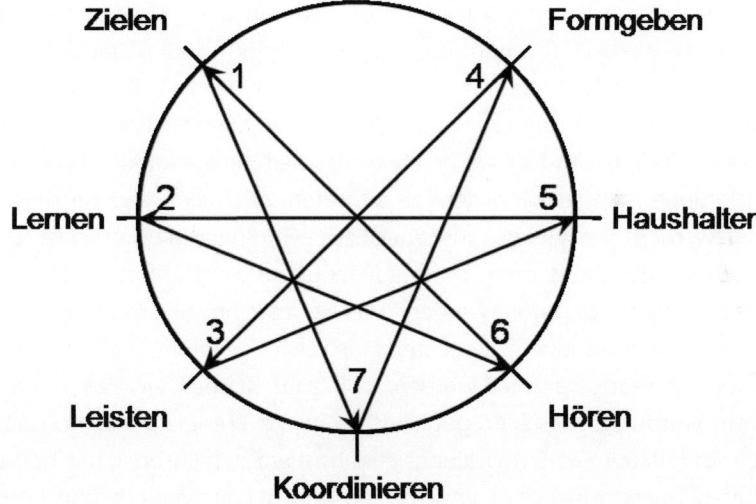

Abbildung 17: Die sieben Prozesse der Unternehmensgestaltung (vgl. WERNER, 2005b, S. 13)

5.2.3 Wie sieht eine Umsetzung nach den *sieben Prozessen* aus?

In diesem Abschnitt werden nun Empfehlungen gegeben, um die sieben Lebensprozesse eines Unternehmens nach den Prinzipien von Social Entrepreneurship zu gestalten. Besonders berücksichtigt wird hier die Situation einer Unternehmensneugründung. Die Prozesse sind aber auch bei der Neuausrichtung bestehender Organisationen anwendbar. Sie bilden die Kapitel des Business-plans für die Umsetzung der Geschäftsidee eines Social Entrepreneurs. Anhand von ihnen erklärt er potenziellen Geldgebern, Partnern, Kunden und Mitarbei-tern, wohin er das Unternehmen führen will. Insbesondere wird auf die Schwie-rigkeiten und Unterschiede zu konventionellen Unternehmensgründungen hin-gewiesen.

Auch bei einem Business Plan für Social Entrepreneurship wird empfohlen, eine Executive Summary voranzustellen. Der Leser des Plans bekommt so einen schnellen Überblick über die Geschäftsidee, die Ziele und die beteiligten Perso-nen.

Worauf zielen wir ab?

Im Vergleich zu konventionellen Unternehmen, bei denen ein Bedürfnis, das am Markt erkannt wurde, aufgenommen wird, um persönlich davon zu profitieren, ist die Gewinnmaximierung nicht das Ziel eines sozial orientierten Unterneh-mens. Dementsprechend detaillierter muss hier auf das Ziel des Unternehmens eingegangen werden. Die Befriedigung eines Bedürfnisses ist nicht Mittel zum Zweck der Gewinngenerierung. Das Gegenteil ist der Fall. Das Erwirtschaften von Gewinn ist Mittel zum Zweck, Bedürfnisse, die die Gesellschaft betreffen, zu befriedigen. Es muss erklärt werden, welches Bedürfnis erkannt wurde und wer die Zielgruppe ist. Hier kann der Fall auftreten, dass verschiedene Zielgruppen erkannt werden. Der Nutzen für jede dieser Gruppen soll betrachtet und be-schrieben werden. Außerdem muss auf mögliche Konflikte zwischen den ver-schiedenen Zielen geachtet werden. Hier ist es sinnvoll Maßnahmen zu be-schrieben, wie es zu einem gerechten Ausgleich der Interessen kommen kann, oder wie Prioritäten gesetzt werden. Soll zum Beispiel ein Fair-Trade-Unter-nehmen, wenn das Geschäft gut läuft, eher die Preise für die Konsumenten senken, den Bauern in Entwicklungsländern mehr zahlen oder mit den erwirt-schafteten Überschüssen zur Entwicklung von neuen Ländern und Produkten beitragen? Die Formulierung einer klaren Vision und Mission ist an dieser Stelle hilfreich, um sich auf ein gemeinsames Ziel zu fokussieren.

Unternehmen mit Entwicklungspotenzial haben meistens eine Innovation zugrunde liegen. Statt der von CHRISTEA U.A. (2007) vorgeschlagenen Dimen-sionen *Geschäftssystem* und *Produkt/Dienstleistung* für traditionelle *Wachs-tumsunternehmen* werden hier soziale Geschäftsideen für *Entwicklungsunter-nehmen* in den beiden Dimensionen *Umsetzung* und *Lösungen* betrachtet. Abbildung 18 zeigt die Einordnung einiger Beispiele anhand dieser Dimensio-nen.

Abbildung 18: Innovative Geschäftsideen für Social Entrepreneurs (in Abwandlung des Schemas von CHRISTEA U.A., 2007)

Vorbildcharakter für echten gesellschaftlichen Wandel ist von Innovationen in den Bereichen *neue Lösungen*, *neue Felder* und *neue Umsetzungen* zu erwarten. Neue Lösungen bieten Unternehmen, die neue Produkte oder Dienstleistungen entwickelt haben. Beispiel hierfür ist TransFair (siehe Abschnitt 4.2.4). Die Organisation hat durch ihre Vermittlungsfunktion und ein von allen Parteien anerkanntes Fair-Trade-Siegel gerechten Handel im großen Stil etabliert. Weitere neue Lösungen, die sozial und ökologisch verträgliche Innovationen darstellen, bieten oft erneuerbare Energien. Schließlich kann die Björn Steiger Stiftung als Beispiel für Innovationen auf dem sozialen Sektor genannt werden. Während sie in der Umsetzung auf konventionelle Non-Profit-Methoden, wie das Sammeln von Spenden setzt, zeigt sie sich bei den Lösungen als äußerst innovativ. Sie entwickelt neue Methoden zur Verbesserung der Notfallhilfe bei Unfällen. In der Vergangenheit konnte sie bereits eine flächendeckende Versorgung von Bundes-, Landes- und Kreisstraßen mit Notruftelefonen erreichen. Aktuell hat sie eine Initiative für die Ortung von Notrufen per Handy gestartet. Im Bereich der neuen Umsetzungen sind Unternehmen wie die Grameen Bank, die den Gedanken der Mikrokredite durch viele Einzelmaßnahmen zu einem rentablen Geschäftsmodell entwickelt hat, anzusiedeln (siehe Abschnitt 4.2.3). Die Internetplattform kiva.org hat schließlich diese Idee aufgegriffen und mit Hilfe des Internets eine neue Perspektive geschaffen (siehe Abschnitt 4.2.3). Außerdem fällt in diesen Bereich noch die Organisation SEWA. Sie hilft Arbeiterinnen ohne geregelte Anstellungsverhältnisse durch verschiedene genossenschaftlich organisierte Unternehmen (siehe Abschnitt 4.2.3). Schließlich gibt es noch Unternehmen, die durch neue Lösungen und innovative Umsetzung, neue Felder erschließen. Dazu gehören, als Beispiel aus der Geschichte, Friedrich Wilhelm Raiffeisen (siehe Abschnitt 4.2.1) sowie Ibrahim Abouleish mit Sekem und Andreas Heinecke mit Dialog im Dunkeln (siehe Abschnitt 4.2.4).

Wer koordiniert die Aufgaben?

Genauso wie bei der Gründung von konventionellen Unternehmen, ist es im Fall des sozial orientierten Unternehmens wichtig zu erfahren, wer hinter der Idee steht. Teil eines organischen Ansatzes ist es, nicht Positionen und Rollen vorzugeben, sondern die Menschen nach ihren Fähigkeiten einzusetzen. Eine gute Orientierung bieten die von WERNER (2005c) vorgestellten *zwölf Ämter oder Dienstbereiche*. Diese spiegeln die verschiedenen Fähigkeiten wieder, die in einem Unternehmen vorhanden sein müssen. Im Einzelnen sind dies: (1) *die Lage meistern*, (2) *Rechenschaft legen*, (3) *Abwägen,* (4) *neue Kräfte entbinden*, (5) *die Kräfte straffen*, (6) *den Sinn bewahren*, (7) *Gewordenes Umdenken*, (8) *Anfänge bilden*, (9) *Werke schaffen*, (10) *das Neue einfügen*, (11) *Neues und Altes verstehen* und (12) *Erreichtes bewahren*.

Es kommt nun darauf an, dass im bestehenden Gründerteam möglichst viele dieser Fähigkeiten vorhanden sind. Ist dies nicht der Fall, kann erklärt werden, wie man sich personell verstärken wird. Je nach Art des Geschäftskonzepts muss man natürlich auch beachten, ob neben den gerade beschriebenen sozialen Kompetenzen auch fachliche Kompetenzen benötigt werden.

Welche Form ist adäquat?

Die Formfrage ist eine der spannendsten Fragen für sozial orientierte Unternehmen. Dabei geht es um das Verhältnis nach innen, den Gesellschaftsvertrag und die gelebte Unternehmenskultur, aber auch um die nach außen gezeigte Form. Das Unternehmen benötigt einen Namen, die Firma, und eine Rechtsform, unter der es nach außen auftritt. Im Prinzip scheint keine der heute in Deutschland existierenden Rechtsformen zu sozial orientierten Unternehmen zu passen. Als grundsätzliche Möglichkeit für Gründer kommt die in Deutschland „beliebteste unternehmerische Rechtsform" (PFEIL, 2007), die GmbH (Gesellschaft mit beschränkter Haftung), in Betracht. Hierbei muss aber darauf geachtet werden, dass durch den großen Einfluss der Eigenkapitalgeber in diesem Modell die sozialen Ziele langfristig nicht in den Hintergrund treten. Grundsätzlich ist die GmbH als Kapitalgesellschaft auf das Ziel der Gewinnmaximierung ausgerichtet. Alternativen dazu wären eine gemeinnützige GmbH, ein eingetragener Verein oder eine Stiftung. Bei diesen Rechtsformen müsste im Einzelfall geprüft werden, ob das Geschäftsmodell vom Finanzamt als gemeinnützig anerkannt wird. So darf ein gemeinnütziges Unternehmen im Allgemeinen nicht durch die wirtschaftliche Tätigkeit in Konkurrenz zu gewöhnlichen Unternehmen treten. Genau dieser Wettbewerb ist aber eines der Elemente von Social Entrepreneurship. Auch eine Kombination einer der drei letztgenannten Rechtsformen mit einer GmbH wäre daher denkbar. Dies würde die zweifache Zielsetzung verdeutlichen, durch ein rentables Unternehmen einem sozialen Zweck zu dienen. Allerdings würde das gegebenenfalls dem Grundgedanken, dass diese Zwecke eben gerade durch die wirtschaftliche Tätigkeit erzielt werden, widersprechen. Die beiden Organisationen müssen inhaltlich identische Ziele verfolgen. Das Einnahmen generierende Geschäft darf nicht nur bloßer Finanzierungsmotor für eine gemeinnützige Organisation sein. Gerade im Zusammenspiel des wirtschaftlichen Unternehmens und des sozialen Zwecks entsteht der Mehrwert von Social Entrepreneurship. Eine weitere Rechtsform, die schon im Verlauf dieser Arbeit vorgestellt wurde und sich unter bestimmten Umständen eignet, ist die eingetragene Genossenschaft (eG) (siehe Abschnitt 3.2.4).

Durch die Wahl der Rechtsform wird die Aufteilung der Entscheidungsbefugnisse mitbestimmt. Das Umfeld und die Zielgruppe sollten hierbei möglichst eng ans Unternehmen gebunden werden, um so langfristig eine positive Entwicklung zu ermöglichen. Deshalb hat Gottlieb Duttweiler etwa sein Unternehmen Migros in eine Genossenschaft umgewandelt und seinen Kunden geschenkt (siehe Abschnitt 4.2.1). Auch die Grameen Bank gehört inzwischen zu 93 Prozent ihren Kunden (YUNUS, 1999). Auf diese Weise verwischt sich oft die Trennung zwischen interner und externer Sicht. Diese Veränderung ist aber auch gleichzeitig eine Herausforderung. Nach welchen Regeln soll entschieden werden, wie kann sichergestellt werden, dass keine Partei die Oberhand gewinnt und wie kann trotz allgemeiner Mitbestimmung flexibel und schnell auf Marktgegebenheiten reagiert werden?

Was wollen wir leisten?

Nun geht es darum, den konkreten Kundennutzen zu beschreiben. „Die ‚Veranstaltung Wirtschaft' hat nur einen Sinn, wenn ein konsumierbares, verwertbares Produkt für den Kunden entsteht" (WERNER, 2005b, S. 7). Es soll also das konkrete Produkt oder die Dienstleistung beschrieben werden. Eventuell muss das Produkt erst noch entwickelt sowie ein Prototyp erstellt und getestet werden. Außerdem wird in diesem Abschnitt der gesamte Prozess der Wertschöpfung erläutert. Als Beispiel kann Abbildung 19 dienen. Dort wird der Leistungserstellungsprozess eines Unternehmens gezeigt, das ein afrikanisches Land mit

Elektrizität versorgt. Dies geschieht mit Hilfe von Batterieladestationen, die mit Solarzellen betrieben werden. Die Geschäftsidee wurde vom Autor dieser Arbeit zusammen mit zwei weiteren Teammitgliedern im Rahmen des Fallstudienwettbewerbs Business Masters 2007 entwickelt. Das Konzept zielt auf eine umweltfreundliche und dezentrale Energieversorgung unter Einbeziehung der Menschen vor Ort ab. Die Montage der Ladestationen soll vor Ort durch vorher geschultes lokales Personal geschehen. Die Stationen werden dann an Kleinunternehmer verkauft, die sie durch einen Mikrokredit oder durch Mikroleasing finanzieren können. Die Batterien werden dann tagsüber mit Sonnenenergie aufgeladen, um sie nachts zu vermieten. Sie können wiederum von den Dorfbewohnern zu Einkommenszwecken, etwa beleuchtete Handarbeiten, verwendet werden. Weitere Anwendungsgebiete sind Bildungszwecke, zum Beispiel die Möglichkeit für Kinder, auch nach Einbruch der Dunkelheit zu lesen, oder Informationszwecke, etwa durch den Betrieb von Radios.

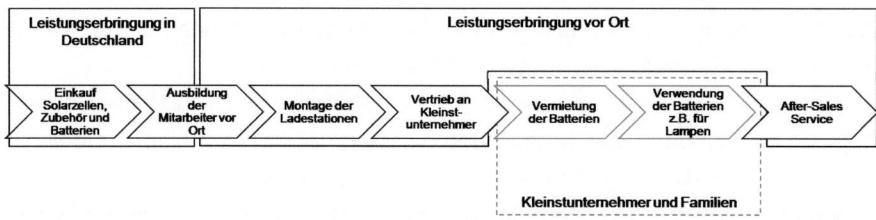

Abbildung 19: Beispiel für einen Leistungserstellungsprozess (eigene Darstellung)

Neben diesem reinen Hintereinanderstellen der Leistungsabschnitte soll gezeigt werden, an welchen Stellen Wertschöpfung entsteht. Diese tritt gerade dort auf, wo die Wertschätzung des Kunden auf die Wertbildung des Unternehmens trifft. An diesen Stellen kann die positive, pro-soziale Wirkung dargestellt werden. Die Schritte *Ausbildung der Mitarbeiter* und *Montage der Ladestationen* in Abbildung 19 stellen ein Beispiel dar. Dort wird ein sozialer Mehrwert durch den Aufbau von Know-how und Arbeitsplätzen im Land geschaffen.

Woher kommen die Mittel?

Eines der Hauptunterscheidungsmerkmale zwischen gewinnorientierten und sozial orientierten Unternehmern ist das Haushalten. Während bei ersteren die Finanzsituation oft schon das Ziel darstellt, bilden für letztere die finanziellen Mittel nur die Grundlage zur Zielerfüllung. Eine der größten Herausforderungen für Social Entrepreneurs ist es, ein Geschäftsmodell zu entwickeln, das ohne Zuschüsse von außen auskommt. Es obliegt der Kreativität des Social Entrepreneurs, Probleme, deren Lösung keine maximale Rendite versprechen, auf wirtschaftliche Weise anzugehen.

Zum Haushalten gehört neben der Versorgung mit Finanzmitteln auch die Versorgung mit Betriebs- und Arbeitsmitteln (siehe WERNER, 2004a). Der Einsatz dieser Ressourcen muss geplant werden. Dabei eignet sich eine Fünf-Jahres-Planung, bei der abgeschätzt wird, wie sich Umsatz und Bedarf an Mitarbeitern, Anlagegütern und Waren entwickelt. Auf Basis einer *Liquiditätsrechnung*, bei der Einnahmen und Ausgaben gegenübergestellt werden, müssen Engpässe erkannt werden. Dabei soll beachtet werden, dass man sich langfristig aus dem laufenden Geschäft finanzieren muss und Überschüsse maßvoll zur weiteren Entwicklung einzusetzen sind. In der Anfangsphase wird es üblicherweise einen Zeitraum geben, in dem das Vertrauen von Investoren benötigt wird, die sich entweder in Form von Krediten oder Eigenkapital an dem Unternehmen beteiligen. Gerade bei letzterem muss darauf geachtet werden, dass die Erwartungen der Investoren und die Ziele des Unternehmens in Übereinstimmung gebracht werden. So gibt es sozial orientierte Unternehmen, die Investoren eine Rendite, die nahe am Marktzins liegt, zahlen können und solche, die gerade die Einlagen zurückzahlen können. In diesem Korridor sollten die Zielvorstellungen beider Parteien liegen.

Verschiedene Möglichkeiten, wie Social Entrepreneurs in der Anfangsphase der Gründung zu finanziellen Mitteln kommen können, sind bei EMERSON U.A. (2007) zu finden.

Eigenkapital: Vor allem für Social Enterprises, die eine nicht gemeinnützige Rechtsform aufweisen, ist nach Emerson u.a. die Finanzierung über *Privat Equity* möglich. Gerade im englischsprachigen Raum haben sich in den letzten Jahren mehrere Organisationen gebildet, die Investitionen suchen, die gleichzeitig ökonomische, ökologische und soziale Werte erwirtschaften. Der Vorteil der Eigenkapitalfinanzierung durch entsprechende Institutionen ist die Langfristigkeit der Investition, die flexible Ausgestaltung der Verträge und die Möglichkeit, auch inhaltliche Unterstützung durch die Erfahrungen und das Netzwerk der Geberorganisation zu erhalten. Neben diesen institutionellen Wagniskapitalgebern existiert auch die Möglichkeit der Beteiligung von so genannten *Business Angels*. Dies sind meist wohlhabende Persönlichkeiten, die sich mit ihrer Erfahrung und ihrem privaten Vermögen an dem Unternehmen beteiligen. Durch eine flexible Gestaltung der Verträge lassen sich so sehr gut alle Interessen in Übereinstimmung bringen. Inzwischen gibt es sogar in Deutschland erste Organisationen, die sich um die Vermittlung von Business Angels für sozial orientierte

Unternehmen kümmern. Ein Beispiel hierfür ist die *Social Angels Stiftung*[48] (siehe HAAS, 2007).

Generell ist es bei Neugründungen, besonders in der ersten Phase bevor überhaupt ein Produkt auf den Markt gebracht wurde, sehr schwer, von externer Seite Kapital zu erhalten. Deshalb müssen auch die klassischen Finanzierungsarten, persönliche Ersparnisse und Einlagen von Familie und Freunden, beachtet werden.

Fremdkapital: Der Unterschied zu Eigenkapital besteht darin, dass hier der Kapitalgeber eine Rückzahlung des eingezahlten Kapitals und regelmäßige Zinszahlungen erwartet. Erlaubt das Geschäftsmodell des sozial orientierten Unternehmens regelmäßige Rückzahlungen zu Marktzinsen und gibt es darüber hinaus noch Sicherheiten in Form von Bürgschaften oder Hypotheken, ist die Aufnahme eines traditionellen Bankkredits möglich. Das Feld von staatlichen Zuschüssen oder Stiftungen, die Unterstützung in Form von Krediten gewähren, ist noch in der Entwicklung begriffen.

Abbildung 20 fasst die Richtungen zusammen, aus denen sich sozial orientierte Unternehmen finanzielle Mittel beschaffen können. Gerade der Bereich rechts oben, das Social Venture Capital, ist für Social Entrepreneurs am interessantesten, während sich die Bereiche, die in Richtung Charity gehen, eher an traditionelle Non-Profit-Organisationen richten (vgl. EMERSON U.A., 2007).

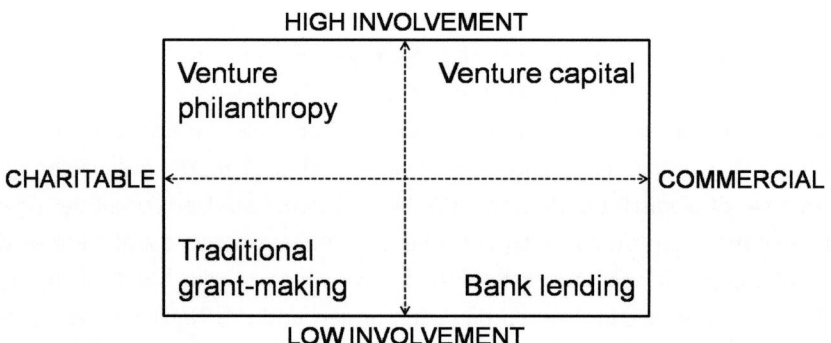

Abbildung 20: Kapitalmarkt für Social Entrepreneurship (vgl. EMERSON U.A., 2007)

Neben der Darstellung der Mittelherkunft und der Liquiditätsübersicht sind auch die Aufstellung der Plan-Bilanz und Plan-Gewinn- und Verlustrechnung Bestandteil dieses Kapitels des Businessplans. Daraus lassen sich finanzielle Kennzahlen

---

[48] Informationen zu den Zielen der Stiftung sind im Internet unter http://www.social-angels.de, Abruf 20.03.2008, verfügbar.

wie der interne Zinsfuß und der Kapitalwert der Firma berechnen. Auch wenn diese in unserem Fall nicht im Mittelpunkt der Betrachtung stehen, sind sie ein Hilfsmittel, um das besondere Konzept von Social Entrepreneurship zu demonstrieren. Zusammen mit anderen Kennzahlen, die die Ziele des Unternehmens teilweise messbar machen, ergibt sich so ein rundes Bild. Diese anderen Messgrößen könnten zum Beispiel im Fall des in Abbildung 19 vorgestellten Beispiels sein: *Anzahl der ausgebildeten Mitarbeiter*, *Anteil der Bevölkerung mit Zugang zu Elektrizität*, *Einsparung von CO2* (durch Verwendung von Sonnenenergie statt Dieselgeneratoren) und *Anzahl der Kleinunternehmer*. Eine Gegenüberstellung dieser materiellen und immateriellen Kennzahlen macht die Ziele und Möglichkeiten des Unternehmens für Außenstehende transparent.

Wie viel müssen wir noch für eine weitere Entwicklung lernen?

Im Verlaufe der individuellen Businessplanerstellung werden einige Stellen auftauchen, an denen fehlende Fähigkeiten oder Mittel festgestellt wurden. Deshalb soll nun dargestellt werden, wie diese erlangt werden können. Darüber hinaus sorgt eine Risikoabschätzung für Klarheit über externe und interne Gefahren. Darauf aufbauend können frühzeitig geeignete Reaktionen geplant werden. Für die Abschätzung des Lernbedarfs eignen sich zwei Instrumente. Für eine quantitative Überprüfung der Zahlen des vorigen Abschnitts die *Sensitivitätsanalyse* und für eine qualitative Überprüfung die *SWOT-Analyse*. Erstere betrachtet die getroffenen Annahmen und simuliert die Auswirkungen von Abweichungen bei ihnen. Dies beinhaltet zum Beispiel die Frage: *Haben wir noch genügend finanzielle Mittel zur Verfügung, wenn wir erst ein halbes Jahr später als geplant mit unserem Produkt in den Markt eintreten können?* Die zweite Überprüfung, die SWOT-Analyse, beschäftigt sich mit den *Strengths (Stärken), Weaknesses (Schwächen), Opportunities (Chancen)* und *Threats (Gefahren)* des Geschäftsplans. Diese qualitative Abschätzung kann auch die Grundlage für die Szenarien der quantitativen Sensitivitätsanalyse bilden. Es genügt aber nicht nur mögliche Gefahren zu erkennen, man muss auch ihre Eintrittswahrscheinlichkeit abschätzen und mit den Erfolgschancen der Unternehmung vergleichen (vgl. WERNER, 2004a). Auf der anderen Seite bietet die Betrachtung von Trends und zukünftigen Entwicklungen aber eventuell auch neue Chancen, die das Unternehmen nutzen kann.

Mit der Frage: „Was wollen wir leisten?" wurde schon betrachtet, was das Unternehmen in Zukunft leisten soll. Daneben muss man aber auch die Gegenwart im Auge behalten, um festzustellen, was man leisten und lernen muss, bis der Punkt erreicht ist, an dem die gewünschten Leistungen erbracht werden können. Zur Planung dieser nächsten Schritte eignet sich das Gantt-Diagramm, wie es in Abbildung 21 beispielhaft zu sehen ist (das Beispiel bezieht sich wieder auf die im Abschnitt „Was wollen wir leisten" vorgestellte Fallstudie).

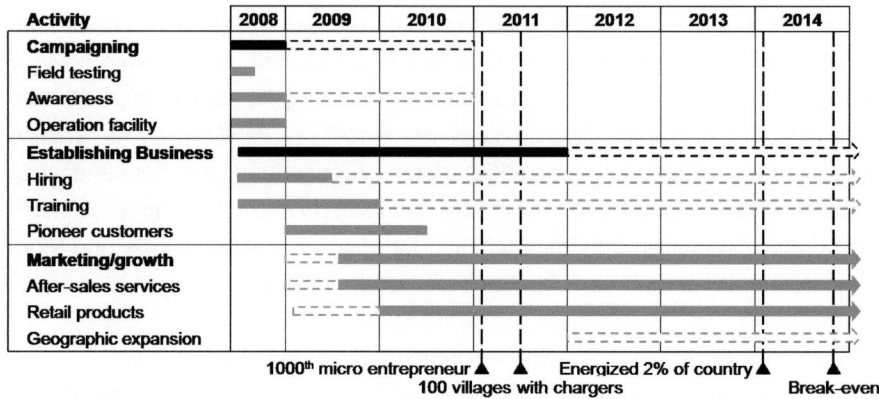

Abbildung 21: Beispiel für einen Realisierungsplan (eigene Darstellung)

Wie reagiert die Gesellschaft?

Als letzten Prozess und damit Abschluss des Businessplans muss noch der Bereich des *sozialen Hörens* betrachtet werden. Es muss die Frage geklärt werden, wie alle Gruppen, die mit dem Unternehmen in Bezug stehen, auf die Geschäftstätigkeit reagieren werden. Dabei ist es sinnvoll, die durch die Frage: „Worauf zielen wir ab?" bestimmte *Zielgruppe* genauer zu beschreiben und so im Rahmen einer *Marktanalyse* zum *Marktvolumen* zu gelangen. Auch reicht es nicht, nur einmalig die Kundenbedürfnisse und -anforderungen aufzunehmen. Stattdessen muss man immer sein *Ohr am Markt haben*. Darüber hinaus ist eventuell die Untersuchung von Trends, wie zum Beispiel neuen Technologien, für die Geschäftsidee von Bedeutung.

Ein Instrument zur strukturellen Betrachtung des Umfeldes eines Unternehmens hat PORTER (1980) mit den *Five Forces* vorgestellt. Eine Anwendung dieser fünf Kräfte auf das Umfeld von Social Entrepreneurship zeigt Abbildung 22. Zwei Problembereiche gilt es dabei für Social Entrepreneurship besonders zu beachten. Zum einen die Wettbewerber, die unter Umständen mit anderen Organisationstypen auftreten. Ein Beispiel hierfür wäre eine durch Steuergelder geförderte staatliche Institution. Dieser Faktor muss besonders bei einer Analyse der Stärken und Schwächen der Mitbewerber beachtet werden. Dabei sollte erklärt werden, wie man sich durch das eigene Angebot von ihnen differenzieren kann. Darüber hinaus muss der Marktanteil der Konkurrenten bestimmt werden. Außerdem kann es sein, dass sich die Wettbewerbssituation aufgrund von Gesetzesänderungen schnell verändert.

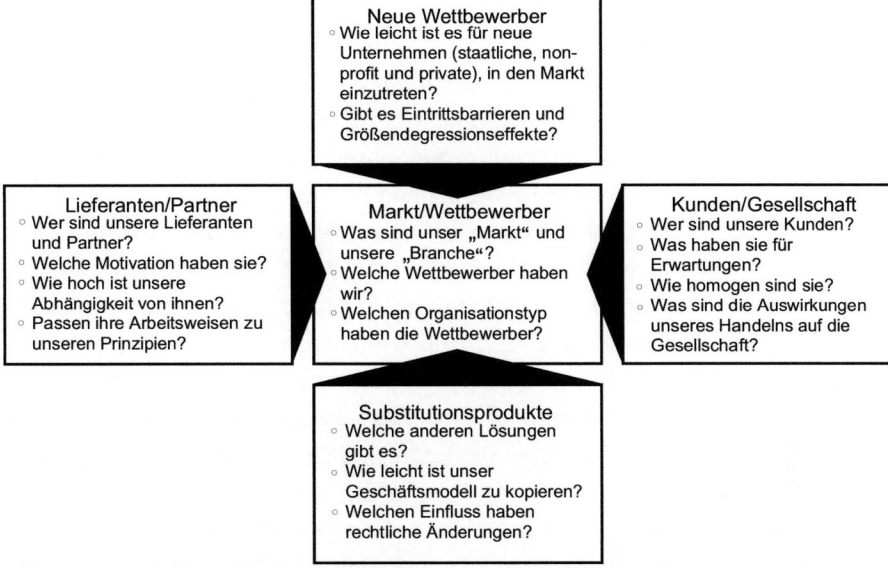

Abbildung 22: Social Entrepreneurship Five Forces (nach dem Konzept von Porter – eigene Darstellung)

Der zweite Bereich, dem besondere Aufmerksamkeit zukommen sollte, ist die Kundenseite. Dabei spielt zum einen eine Rolle, ob die Gruppe der Kunden eher homogen oder heterogen ist. Eine heterogene Kundengruppe tritt zum Beispiel dann auf, wenn ein Produkt an ärmere und an reichere Kunde verkauft werden soll und die eine Gruppe dadurch die andere subventioniert.[49] Hier müssen die unterschiedlichen Anforderungen gut ausbalanciert werden. Eine *Marktsegmentierung* sollte an dieser Stelle Klarheit über die einzelnen Kundengruppen geben. Diese Segmentierung kann zum Beispiel nach demografischen oder geografischen Faktoren vorgenommen werden. Im Anschluss an die Segmentierung muss die Größe (sowohl nach Anzahl als auch nach Ausgaben in diesem Bereich) der einzelnen Gruppen möglichst genau bestimmt werden. Kompliziert wird es, wenn die Gesellschaft im Allgemeinen *Kunde* des Unternehmens ist, zum Beispiel bei Umweltprojekten. Hier ist die Planung einer intensiven Öffentlichkeitsarbeit sowie von Kooperationen mit staatlichen Stellen empfehlenswert.

Doch nicht nur die Marktanalyse ist wichtig für den Businessplan, sondern auch wie das Produkt oder die Dienstleistung auf den Markt gebracht werden soll. Wie erhält das Unternehmen von möglichst vielen Menschen aus der Ziel-

---

[49] Dies ist zum Beispiel der Fall beim Geschäftskonzept der Organisation *One Laptop per Child*, die für jeden ihrer Laptops, der in den USA verkauft wird, einen Laptop zu einem Kind in ein Entwicklungsland schickt (siehe BARACK, 2008).

gruppe Gehör, beziehungsweise wie präsentiert es sich in der Gesellschaft? Bei der Betrachtung des *Marketings* ist die Struktur der *4 P* hilfreich. Diese sind *Product (Produkt)*, *Price (Preis)*, *Promotion (Kommunikation)* und *Place (Distribution)*. Im Rahmen von Social Entrepreneurship führt das unter anderem zu folgenden Fragen: Erfüllen unser Produkt oder unsere Dienstleistung die Bedürfnisse unserer Kunden?[50] Welchen Preis können meine Kunden bezahlen? Macht eventuell eine Kombination mit Finanzierungsmodellen wie Mikrokrediten Sinn? Welcher Preis wird als gerecht empfunden und spiegelt meine Kosten sowie den Nutzen für die Kunden wider? Auf welche Weise erreiche ich meine Zielgruppen? Funktioniert klassische Werbung oder müssen neue Methoden gefunden werden? Welche Absatzwege gibt es für unsere Produkte? Welche Distributionspartner passen zu unseren Zielen? Diese Fragen müssen alle in diesem Bereich des Businessplans beantwortet werden, damit der Leser überzeugt wird, dass es sich um ein gut durchdachtes Geschäftskonzept handelt.

Zusammenfassend werden mit Hilfe des vorgestellten Businessplans nach den *sieben Prozessen* alle Bereiche des Unternehmens beleuchtet. Je nach genauer Ausgestaltung des Geschäftskonzepts muss der Plan noch individuell angepasst und ausgestaltet werden. Insgesamt kann damit potenziellen Social Entrepreneurs ein Instrument an die Hand gegeben werden, um ihre Geschäftsidee eingehend zu untersuchen und die Umsetzung zu planen.

---

[50] Vgl. zum Beispiel PRAHALAD (2006) zu den Anforderungen des Marktes am „Bottom of the Pyramid".

6 Wohin kann Social Entrepreneurship in Zukunft führen?

Jedes Fragen ist ein Suchen.

(Martin Heidegger)

Im Verlauf dieser Arbeit konnten der aktuelle Stand der Forschung sowie eigene Gedanken zur Umsetzbarkeit von Social Entrepreneurship dargestellt werden. Während das Konzept in englischsprachigen Ländern schon Fuß gefasst hat, setzt es sich gerade in Deutschland erst langsam durch. Bisher kann noch nicht von einem flächendeckenden Phänomen gesprochen werden, sondern eher von positiven Einzelfällen, die aus der Masse herausstechen. Es muss noch einiges zur weiteren Entwicklung und Förderung getan werden, um das volle Potenzial auszuschöpfen.

Der Grundgedanke von Social Entrepreneurship basiert auf der Feststellung, dass Gewinn Mittel, nicht Zweck ist. Der nächste Schritt ist nun, den eigentlichen Zweck zu ergründen. Die realen Beispiele zeigen, dass es immer mehr Menschen nicht ausreicht, nur ein Teil einer egoistischen Gemeinschaft zu sein. Stattdessen fühlen sie sich als Teil des Organismus Gesellschaft, der nur dann gesund ist, wenn es keinem seiner Einzelteile schlecht geht. Schon immer haben sich Menschen die Frage nach dem Sinn gestellt. Die Befriedigung durch das Miteinander-Füreinander-Leisten lässt einen der Antwort näher kommen. Social Entrepreneurship ist eine Möglichkeit sein Leben sinnvoll zu unternehmen.

6.1   Was muss noch getan werden?

An einigen Stellen in dieser Arbeit wurde schon auf offene Punkte hingewiesen. Viele resultieren daraus, dass gemachte Erfahrungen zunächst reflektiert und die Voraussetzungen für weitere Entwicklung geschaffen werden müssen. Aus dem Zusammenspiel der Rückschau und dem Erlernen von Fähigkeiten können neue Perspektiven entstehen, die in Abschnitt 6.2 gezeigt werden.

6.1.1   Welche Voraussetzungen müssen noch geschaffen werden?

Umfragen in verschiedenen Ländern zeigen, dass zwei Einflussgrößen eine besondere Rolle bei der Verbreitung von Entrepreneurship spielen. Das sind zum einen individuelle Voraussetzungen, zum anderen gesellschaftliche Voraussetzungen. So müssen einerseits das Wissen, die Fähigkeiten und der Wille für unternehmerisches Handeln unter potenziellen Entrepreneuren gestreut werden. Andererseits muss die Gesellschaft unternehmerisches Handeln schätzen und fördern (vgl. HARDING, 2006). Analog dazu kann auf Social Entrepreneurship geschlossen werden. Nur wenn an Schulen, Universitäten und anderen Bildungseinrichtungen das Bewusstsein für Social Entrepreneurship gestärkt wird und die Gesellschaft akzeptiert, dass soziale Herausforderungen mit unternehmerischen Mitteln gelöst werden können, kann es seine volle Wirkung erzielen. Ein gutes Beispiel für die Herausbildung eines Verständnisses für Social Entrepreneurship ist das Indian Institute of Management in Ahmedabad, Indien. An der renommiertesten Business School Indiens ist Social Entrepreneurship fest im Curriculum verankert. Die dortigen Entrepreneurship-Lehrstühle sind Keimzellen für neue Geschäftsideen, die innovative Ansätze zur unternehmerischen Lösung für die drückendsten Probleme der indischen Gesellschaft angehen.

Zur gesellschaftlichen Anerkennung von Social Entrepreneurship gehört auch die Gesetzgebung. So fordert DEES (2007) für diese neue Art des Unternehmertums neue Rechtsformen. Als einen Faktor für das schnelle Wachstum der Grameen Bank in Bangladesch nennt er, dass die Regierung Gesetze angepasst hat, um diesen Typus der Finanzinstitution zu ermöglichen. Ein anderes Beispiel ist die Kategorie der „Community Interest Company", die kürzlich in Großbritannien eingeführt wurde.

6.1.2 Welche Bereiche müssen noch untersucht werden?

Es wurde in dieser Arbeit bereits auf die fehlenden empirischen Grundlagen für die Untersuchung von Social Entrepreneurship hingewiesen. Zur glaubhaften Darstellung von Social Entrepreneurship als effizientere und effektivere Alternative zu bestehenden Organisationsformen, wie zum Beispiel Non-Profit-Organisationen, muss der Beweis erst noch erbracht werden. Dies kann zum Beispiel in Form einer wissenschaftlichen Gegenüberstellung von repräsentativen Unternehmen, die auf demselben Markt tätig sind, gemacht werden. Außerdem bedarf es einer empirischen Untersuchung zu den Motiven von Social Entrepreneurs zur Konkretisierung der Unterschiede zwischen ihnen und konventionellen Unternehmern.

DEES (2007) sieht drei herausragende Themen für zukünftige Betrachtungen und Untersuchungen:

- Messung der sozialen Auswirkung,

- Auswahl-Investitions-Prozess und

- Skalierbarkeit.

Der erste Punkt beschreibt die Herausforderung, nicht-monetäre Ergebnisse, die überdies oft erst langfristig festzustellen sind, zu messen. Dabei ist es oft schwierig, einem Ergebnis einen eindeutigen Grund zuzuordnen und andere Einflussfaktoren auszuschließen. In den USA sind zum Beispiel Programme beliebt, die benachteiligte Schüler nach ihrem High-School-Abschluss auf die Aufnahmeprüfung der Universität vorbereiten. Diese schneiden durch die Hilfe in der Regel bei der Prüfung besser ab als andere Schüler. Ist das nun auf die Programme zurückzuführen oder darauf, dass vor allem besonders motivierte Schüler, die von ihren Eltern unterstützt werden, solche Programme besuchen? Hätten sie auch ohne spezielle Förderung besser abgeschnitten? Der zweite Punkt betrifft den Auswahlprozess bezüglich der Anwerbung von Investitionen. Hier muss ein Umdenken bei Investoren stattfinden, die ihr Geld noch allzu oft der am meisten notleidenden und mitleiderregendsten Organisation spenden, statt in professionell organisierte, gut funktionierende Geschäftskonzepte zu investieren. Der dritte Punkt behandelt schließlich die Skalierbarkeit. An den fehlenden Beispielen von großen sozial orientierten Unternehmen sieht man, dass es zwar viele gute Ideen geben mag, aber sich noch wenige wirklich am Markt durchsetzen konnten. Einer der Gründe hierfür ist, dass trotz funktionierendem Geschäftsmodell oft für eine weitere Entwicklung Finanzierung von außen nötig ist. Bisher gibt es aber noch keinen funktionierenden Markt für Entwicklungskapital in diesem Bereich (siehe DEES, 2007).

In Abschnitt 5.2.3 konnte gezeigt werden, welche Arten der Finanzierung es für neu gegründete Unternehmen gibt. Hier lautet die Forderung, mehr Social Venture Capital statt *Almosen* zu verteilen. Wenn ein Unternehmen nach den ersten Schritten bewiesen hat, dass es ein funktionierendes Geschäftsmodell mit positiver Wirkung auf die Gesellschaft entwickelt hat, steht es vor dem nächsten Problem. Will es die Idee zum Beispiel über Landesgrenzen hinweg weiter entwickeln, besteht die Schwierigkeit, Kapitalgeber zu finden. Aber gerade den Bereich der Expansionsfinanzierung von sozial orientierten Unternehmen erachten EMERSON U.A. (2007) als kritisch für den Erfolg von Social Entrepreneurship. YUNUS (2006a) fordert deshalb in seiner Rede anlässlich der Verleihung des Nobel-Preises die Schaffung von *Social Stock Markets*. An diesen Börsen sollen nur die Anteile von sozial orientierten Unternehmen gehandelt werden. Die Ausgestaltung eines offenen Kapitalmarktes in diesen Bereichen muss daher untersucht werden, um standardisierte Prozesse zum Laufen zu bringen und Transaktionskosten zu senken.[51] Aktuell berichtete die *Financial Times*, dass die

---

[51] Ein erster Ansatz zur Schaffung von mehr Transparenz auf dem Markt für soziale Investitionen ist die Webseite xigi.net (siehe http://www.xigi.net, Abruf 10.03.2008). Auf dieser wurde kürzlich

britische Regierung über genau diese Maßnahme, eine Börse für Social Enterprises, nachdenkt (siehe EAGLESHAM, 2008).

An dieser Stelle muss man sich allerdings fragen, ob eine Aktiengesellschaft überhaupt die richtige Form für solch ein Unternehmen ist. BAKAN (2005) warnt, dass die großen Konzerne sich verselbständigt haben und ganz eigenen Gesetzen gehorchen. Die Frage ist, wie man eine gemeinschaftliche Beteiligung organisiert, bei der nicht der kleinste gemeinsame Nenner die Gewinnmaximierung ist. Kann es eine sozial orientierte Aktiengesellschaft überhaupt geben, wenn der Anteil am Unternehmen über monetäre Werte definiert ist? An dieser Stelle bedarf es weiterer Untersuchungen.

6.2 Welche Potenziale hat Social Entrepreneurship?

Ein Ausblick auf die Potenziale von Social Entrepreneurship bildet den Abschluss dieser Arbeit. Dabei werden drei zeitliche Perspektiven herausgestellt.

6.2.1 Wie sieht die kurzfristige Perspektive aus?

„I firmly believe we can create a poverty-free world if we collectively believe in it." (YUNUS, 2006a)

Viele Aufgaben zur Behandlung sozialer Probleme werden heute immer noch nicht nachhaltig gelöst. Zum Beispiel wird das Ziel, möglichst vielen Menschen zu helfen, die Armutsgrenze zu überwinden, meist noch durch direkte Spenden zu erreichen versucht.

Das Vorgehen von Social Entrepreneurship ist aber ein anderes. Zum Beispiel wird das Geld, statt es direkt den Armen zu geben, in kleinere Beträge aufgespalten und in Form von Mikrokrediten verteilt. Diese ermöglichen eine Hilfe zur Selbsthilfe. Mit dem gleichen Budget können durch einen effektiveren Einsatz so mehr Menschen die Armutsgrenze überschreiten. Indem einer Person zu einer wirtschaftlichen Tätigkeit verholfen wird, kann sie die Armutsgrenze selbständig überschreiten. Außerdem muss die Nebenbedingung sein, dass ein positiver Gewinn durch den Social Entrepreneur erwirtschaftet wird, so dass eine nachhaltige Hilfe möglich ist. Es ist Ausdruck der Kreativität des Social Entrepreneurs, Produkte oder Services zu identifizieren, die dem erwünschten Ausgang dienen, zum Beispiel der Bekämpfung der Armut, und darüber hinaus auf wirtschaftliche Weise hergestellt werden können.

---

ein so genannter „Social Capital Index" gestartet, in dem Investitionen auf dem sozial orientierten Kapitalmarkt verfolgt werden.

Das Beispiel der Mikrokredite soll die unmittelbare Umsetzbarkeit von Social Entrepreneurship veranschaulichen. Es knüpft dort an, wo solche positiven Beispiele wie Muhammad Yunus mit der Grameen Bank begonnen haben. Social Entrepreneurship kann helfen gesellschaftliche Aufgaben, die bisher nur ungenügend effektiv erledigt wurden, zu verbessern. Paradebeispiel hierfür sind die Bereiche der Entwicklungszusammenarbeit und Armutsbekämpfung. Während ein Großteil der heutigen Entwicklungshilfe noch immer nicht effektiv bei den Menschen vor Ort ankommt und kurzfristig geplant wird, kann durch die Stärkung von Social Entrepreneurship in diesen Ländern eine Entwicklung initiiert werden, die bei der Bevölkerung (*bottom-up*) beginnt. Bereits SCHUMPETER (2006) hat festgestellt, welche ausschlaggebende Wirkung Unternehmertum auf die Entwicklung eines Landes hat. Dabei muss die unternehmerische Grundhaltung, die in den ärmsten Ländern der Welt vorhanden ist, durch Konzepte mit einer gesamtgesellschaftlichen Wirkung aufgegriffen werden. Aber nicht nur in Entwicklungsländern bietet Social Entrepreneurship schon kurzfristig eine Perspektive. Der Gedanke, dass auf nachhaltige, wirtschaftliche Weise soziale Ziele erreicht werden können, erlaubt es, gesellschaftliche Aufgaben wie eine bessere Bildung oder die Integration von ausländischen Mitbürgern auch in Deutschland effektiver und effizienter anzugehen.

6.2.2 Wie sieht die mittelfristige Perspektive aus?

„Ein Trend zur Moralisierung der Märkte impliziert, dass die ökonomischen Akteure Mittel verwenden bzw. Ziele verfolgen, die aus der Sicht oder nach dem Kalkül einer materiellen Maximierung genau solche Wege oder Resultate nicht erreichen." (STEHR, 2007, S. 72)

Die mittelfristige Perspektive setzt sich nicht nur mit der effektiveren Lösung von sozialen Problemen auseinander, sondern beinhaltet alle Unternehmen. Das Grundprinzip der Betriebswirtschaftslehre, das *erwerbswirtschaftliche Prinzip*, das eine Gewinnmaximierung fordert, wird heutzutage noch immer von vielen Unternehmen verfolgt (vgl. z.B. KORNDÖRFER, 2003). Wie schon im vorigen Beispiel beschrieben, ist bei Social Entrepreneurship die Gewinnerzielung nur noch Nebenbedingung, um eine nachhaltige Leistungserbringung in den Vordergrund zu rücken. Das eigentliche Ziel der Unternehmung muss eine Maximierung der Befriedigung von Bedürfnissen sein. Wenn nun auch konventionelle Unternehmen nach diesem *sozial-wirtschaftlichem* Prinzip handeln, führt das zu echtem gesellschaftlichen Mehrwert. Dabei muss sich aber nicht jedes Unternehmen auf soziale Notlagen konzentrieren. Die Grundlage unseres gesellschaftlichen Zusammenlebens bilden weiterhin innovative Unternehmen, die zum Beispiel neue Technologien entwickeln. Mit einer „Moralisierung der Gesellschaft" (siehe STEHR, 2007) geht aber auch einher, dass es eine *bedingungslose* Gewinnmaximierung nicht mehr geben darf. Die schon heute existenten Beispiele von Unternehmen, die unter Beachtung hoher moralischer Grundsätze wirtschaften, muss weiter ausgebaut werden. Ein Automobilhersteller, der als Ziel angibt, die Mobilität der Bevölkerung zu erhöhen, müsste sich dann tatsächlich auch an diesem Ziel messen lassen anstatt am erwirtschafteten Gewinn. Er soll zwar weiterhin Gewinn erwirtschaften, allerdings ist dies nur ein Mittel des Marktes, um Risiko und Innovationen zu belohnen. Damit der gesellschaftliche Gewinn nicht durch die Wirkungsweise der zugrunde liegenden Funktion wieder konterkariert wird, müssen Nebenbedingungen beachtet werden. Diese sind neben Kapazitätsrestriktionen, wie der begrenzten Bereitstellung von Rohstoffen, auch Faktoren wie eine Vermeidung von Umweltschäden.

Social Entrepreneurship ist auf mittelfristiger Sicht nicht nur ein Konzept für Randbereiche, wie soziale Probleme, sondern eignet sich auch für den *Mainstream* des Unternehmertums. Das setzt eine Rückbesinnung auf die eigentliche Grundlage des Wirtschaftens, die Bedürfnisbefriedigung, voraus. Die Beispiele der aktuellen Gründergeneration des Internetzeitalters zeigen, dass Geld verdienen alleine nicht glücklich macht. Es gibt inzwischen viele erfolgreiche Unternehmer, wie den eBay-Gründer Jeff Skoll, die mit ihrem durch die Gründung verdienten Geld gemeinnützige Zwecke fördern. Wäre es nicht die sinnvollere Methode, statt nacheinander ein gewinnmaximierendes Unternehmen mit darauf folgenden wohltätigen Spenden zu kombinieren, beide Ziele parallel anzugehen? Bei dieser Herangehensweise werden mit einem wirtschaftlichen Unternehmen soziale Ziele erreicht. Anhand von erfolgreichen Beispielen kann so ein Umdenken erfolgen. Der in dieser Arbeit vorgestellte Leitfaden für einen Businessplan soll nur ein erster Schritt in die Richtung sein, dass Unternehmen schon in der Gründungsphase sozial orientiert gestaltet werden. Unternehmer haben sich zwar bisweilen bei der Entwicklung ihrer Geschäftsidee an den Bedürfnissen der Mitmenschen orientiert, um so das Marktpotenzial abzuschätzen. Dieser funktionale Altruismus diente aber im weiteren Verlauf des Unternehmens vor allem egoistischen Motiven. Dies zeigt sich auch darin, dass nicht mehr die Erreichung des eigentlichen Ziels gemessen wird, sondern nur noch das Mittel, das zur Erreichung des Ziels dienen sollte, der Gewinn. Wird der Gewinn als Mittel zum Zweck, nämlich der sinnvollen Befriedigung von Bedürfnissen gesehen, kann es so zu einer neuen Form des Unternehmertums kommen.

6.2.3 Wie sieht die langfristige Perspektive aus?

„Auch wenn Eigeninteresse und Konsumwünsche ein Schlüsselmerkmal unserer Identität sind und nichts, dessen wir uns schämen müßten, machen sie nicht den ganzen Menschen aus. "
(BAKAN, 2005, S. 198)

Die langfristige Perspektive geht schließlich über Social Entrepreneurship hinaus. In Zukunft reicht die zweidimensionale Betrachtungsweise, das Abwägen der wirtschaftlichen und sozialen Dimensionen menschlichen Handelns, nicht aus. Wie bereits zu Beginn dieser Arbeit in Abschnitt 2.3.1 gesehen, hat der Mensch unterschiedliche Bedürfnisse. Die Ausrichtung einer Unternehmung auf nur eines dieser Bedürfnisse würde dabei die anderen negieren. Es muss daher zu einem Ausbalancieren von verschiedenen Bedürfnissen kommen. Diese sind überdies noch oft voneinander abhängig und müssen langfristig, zum Beispiel über die Lebenszeit, maximiert werden. Beispiele für mögliche Ziele sind Religion, Kunst, Kultur, Schaffensbedürfnis und Selbstbestimmung. Diese gewichtet der Unternehmer nach seiner persönlichen Schwerpunktlegung und maximiert sie nachhaltig. Die Ziele beinhalten sowohl Bedürfnisse des Nehmens, wie der Erfüllung von Grundbedürfnissen, als auch Bedürfnisse des Gebens, wie der Lust seine eigenen Fähigkeiten zu entfalten. Der Unternehmer sollte nicht nur seine eigenen, sondern vor allem auch die Bedürfnisse seiner Mitmenschen, für die er Leistungen erbringt, im Auge behalten und zum Ausgleich bringen.

Als Mittel zur Erreichung der Ziele dient das wirtschaftliche Handeln des Unternehmens. Dieses muss sich in der Nebenbedingung der ökonomischen Nachhaltigkeit widerspiegeln. Außerdem müssen auch die anderen beiden der in Abschnitt 3.3 vorgestellten Nachhaltigkeitsdimensionen Anwendung finden. Die soziale Nachhaltigkeit, der Mehrwert für die Gesellschaft, und der Nutzen für die Umwelt, die nicht geschädigt werden darf, müssen als Nebenbedingung unternehmerischen Handelns erfüllt werden.

Unternehmerische Tätigkeit soll den Menschen als Individuum in den Mittelpunkt stellen. Gewinn als Ausdruck wirtschaftlichen Handelns ist ein Mittel, um unterschiedliche Zwecke zu erfüllen. Diese Zwecke spiegeln die ganze Vielschichtigkeit der menschlichen Bedürfnisse wider.

Anhang: Interview SEWA

Rahmen des Gesprächs

Der Autor dieser Diplomarbeit besuchte am 10. Oktober 2007 die Zentrale von SEWA (Self Employed Women's Association), die in verschiedenen Publikationen als Beispiel für Social Entrepreneurship genannt wird. Die Zentrale von SEWA befindet sich in der Stadt Ahmedabad, im indischen Bundesstaat Gujarat. Interviewpartnerin war Pratibha Pandya, die Geschäftsführerin des SEWA Informationszentrums. Im Folgenden wird der Inhalt des Interviews thematisch geordnet wiedergegeben.

Gesprächsinhalte

Ausgangssituation

- In Indien arbeiten nur 7 Prozent der Erwerbstätigen im formellen Sektor, wie der Industrie oder Banken.

- Die restlichen 93 Prozent sind dem informellen Sektor zuzuordnen. Dies sind zum Beispiel Straßenhändler oder Arbeiter, die zu Hause arbeiten.

- 60-70 Prozent dieser zweiten Gruppe sind Frauen.

- Während sich die erste Gruppe in Gewerkschaften organisieren kann, gibt es keine Gewerkschaften für den informellen Sektor.

- Arbeiter des informellen Sektors genossen zur damaligen Zeit keinen Schutz durch das Gesetz.

- Da die Mütter arbeiten müssen, um das Überleben der Familie zu sichern, muss meist die älteste Tochter den Haushalt führen und hat deshalb einen schlechteren Stand bezüglich Schulbildung.

- In muslimischen Familien müssen die Frauen aus religiösen Gründen zu Hause bleiben und können deshalb keine geregelte Arbeit aufnehmen.

Die Idee von SEWA

- SEWA wurde 1972 als Gewerkschaft auf Initiative von Ela Bhatt, die vorher Vorsitzende des Frauenflügels der Textilarbeiter Gewerkschaft war, gegründet.

- Aufgabe war es, eine Interessenvertretung für Frauen, die im informellen Sektor beschäftigt sind, darzustellen.

- Es wurden zwei Hauptziele formuliert: Vollbeschäftigung und Eigenständigkeit (nicht nur finanzielle).

Probleme

- Zu Beginn gab es Widerstand von Ehemännern, die ihren Frauen eine Mitgliedschaft verbieten wollten.

- Den größten Widerstand gab es aber von Händlern und Mittelsmännern, die in einem organisierten informellen Sektor eine Gefahr für ihr Geschäft sahen.

- Neue Gruppen und Genossenschaften benötigen oft eine Starthilfe von der Muttergesellschaft, da sie sich sonst nicht finanziell tragen können.

- Dank der stabilen Strukturen konnte SEWA auch ein schlimmes Erdbeben in der Region 2001 überstehen und den davon betroffenen Mitgliedern helfen.

Angebotene Leistungen

- Um einen Service von SEWA in Anspruch nehmen zu können, muss eine Frau Mitglied werden.

- Teilweise werden auch Dienstleistungen wie Computerkurse, Lesekurse oder Ähnliches für Nichtmitglieder angeboten, um diese auf die Leistungen der Organisation aufmerksam zu machen.

- Die Hilfe erstreckt sich von alltäglichen Dingen auf Mikroebene (zum Beispiel Hilfe in Fällen häuslicher Gewalt) zur Vertretung auf Makroebene (zum Beispiel eine Kampagne für eine flächendeckende Versorgung mit sauberem Wasser).

- SEWA betreibt auf Regierungsebene und in internationalen Organisationen Lobby-Arbeit, zum Beispiel durch das Einreichen von Gesetzesvorschlägen.

- Eine weitere Funktion ist die Vermittlung zu externen Hilfsorganisationen. So arbeitet SEWA zum Beispiel mit der United States Agency for

International Development (USAID) zusammen und bildet die Schnittstelle zu armen Frauen.

- Bei der Frage der HIV/AIDS Bekämpfung wurde SEWA von der Regierung beauftragt Lösungsvorschläge zu erarbeiten.

- Durch verschiedene Trainings wird das Selbstbewusstsein der Frauen gestärkt.

- Muslimische Frauen können von zu Hause aus arbeiten, da SEWA ihnen zum Beispiel das Rohmaterial zum Weben nach Hause liefert.

Heutige Strukturen und Ergebnisse

- Heute gehören mehr als 100 Genossenschaften und mehr als 1.000 Interessengruppen zu SEWA.

- Die meisten der Genossenschaften liegen noch in einem Bereich unter der Besteuerungsgrenze, die ersten kommen aber mit ihren Einkommen schon darüber.

- Die einzelnen Genossenschaften und Gruppen wirtschaften eigenständig und finanzieren sich zum Beispiel über Gebühren für ihre Leistungen.

- Mehr als 30 Prozent der Mitglieder haben ein Einkommen unter der Armutsgrenze.

- Eine Expansion in verschiedene andere indische Bundesstaaten ist im Gange.

SEWA Bank

- Die SEWA Bank wurde 1974 von 4.000 Mitgliedern gegründet.

- Damit griff SEWA den Bedarf an einer Versorgung mit Krediten als Betriebsmittel auf.

- Die Bank ist genossenschaftlich organisiert, sie gehört den inzwischen über 90.000 Mitgliedern.

- Durch die Möglichkeit, ein Sparkonto zu führen, konnten die Frauen das Geld vor dem Zugriff ihrer Ehemänner schützen.

- Bevor ein Mitglied einen Kredit aufnehmen kann, muss es sechs Monate lang gespart haben.

- Der erste Kredit muss für Erwerbszwecke aufgenommen werden.

- In ländlichen Gebieten schließen sich jeweils 20 Frauen zu Spargruppen zusammen, die von der SEWA Bank betreut werden.

- 80 Prozent der Mitarbeiter sind selbst Mitglieder der Bank.

- Die Bank ist heute der erfolgreichste Geschäftszweig von SEWA.

Literaturverzeichnis

ABOULEISH, IBRAHIM (2004): Die Sekem-Vision. Stuttgart: Mayer, 2004

ALVORD, SARAH H.; BROWN, L. D.; LETTS, CHRISTINE W. (2004): Social Entrepreneurship and Societal Transformation. In: Journal of Applied Behavioral Science 40 (2004), September, Nr. 3, S. 260-282

BAKAN, JOEL (2005): Das Ende der Konzerne. Hamburg: Europa Verlag, 2005

BARACK, LAUREN (2008): The $100 Dream. In: School Library Journal 54 (2008), Januar, Nr. 1, S. 22-23

BECCHETTI, LEONARDO; HUYBRECHTS, BENJAMIN (2007): The dynamics of Fair Trade as a mixed-form market. Version: 2007. Working Paper

BERGER, PETER A. (Hrsg.); KONIETZKA, DIRK (Hrsg.) (2001): Die Erwerbsgesellschaft: Neue Ungleichheiten und Unsicherheiten. Wiesbaden: VS Verlag, 2001

BLUMBERG, BORIS F. (2006): What Distinguishes Entrepreneurs? A Comparative Study of European Entrepreneurs from a Social Identity Perspective. In: Achleitner, Ann-Kirstin (Hrsg.); Klandt, Heinz (Hrsg.); Koch, Lambert T. (Hrsg.); Voigt, Kai-Ingo (Hrsg.): Jahrbuch Entrepreneurship 2005/2006. Berlin: Springer, 2006, S. 185-208

BOLKESTEIN, HENDRICK (1979): Wohltätigkeit und Armenpflege im vorchristlichen Altertum. New York: Arno Press, 1979

BOLTON, GARY E.; KATOK, ELENA; ZWICK, RAMI (1998): Dictator game giving: Rules of fairness versus acts of kindness. In: International Journal of Game Theory 27 (1998), Nr. 2, S. 269-299

BONUS, HOLGER (1994): Das Selbstverständnis moderner Genossenschaften. Tübingen: Mohr, 1994

BORNSTEIN, DAVID (2005): Die Welt verändern: Social Entrepreneurs und die Kraft neuer Ideen. Stuttgart: Klett-Cotta, 2005

BOSCHEE, JERR (2006): Migrating from Innovation to Entrepreneurship: How Nonprofits are Moving toward Sustainability and Self-Sufficiency. Minneapolis: Encore! Press, 2006

BOSCHEE, JERR; MCCLURG, JIM (2003): Toward a better understanding of social entrepreneurship: Some important distinctions. Version: 2003. http://www.se-alliance.org/better_understanding.pdf, Abruf: 26.02.2008. Verfügbar über die Webseite der social enterprise alliance

BRENTANO, LUJO (1907): Der Unternehmer. In: Volkswirtschaftliche Zeitfragen, Vorträge und Abhandlungen 29 (1907), Nr. 1, S. 1-30

BRENTANO, LUJO (1924): Konkrete Grundbedingungen der Volkswirtschaftslehre. Leipzig: Felix Meiner, 1924

BRILLEN, ANKE (2006): Geld für Sozialunternehmer. In: Handelsblatt (2006), 24. Mai

BÖS, NADINE (2008): Öko-Schick aus der Jugendstilvilla. Version: März 2008. http://www.faz.net/s/
RubF43C315CBC87496AB9894372D014B9BD/Doc~EFC33583628AB42CBAF8C5D2F77D
D4407~ATpl~Ecommon~Scontent.html, Abruf: 31.03.2008. Artikel auf FAZ.net

BUSCHLE, NICOLE (2006): Spenden in Deutschland. In: Wirtschaft und Statistik 2/2006. Wiesbaden: Statistisches Bundesamt, 2006

CANADIAN CENTER FOR ENTREPRENEURSHIP (2001): Social Entrepreneurship Discussion Paper
No. 1. Version: Februar 2001. http://www.business.ualberta.ca/ccse/publications/publications/
SE%20Discussion%20Paper-Feb2001.doc, Abruf: 10.02.2008. Im Internet frei verfügbar

CARR, MARILYN (Hrsg.) (2004): Chains of Fortune: Linking Women Producers and Workers
with Global Markets. London: Commonwealth Secretariat, 2004

CRISTEA, ALEXANDRU; HEUCHER, MARTIN; ILAR, DANIEL; KUBR, THOMAS; MARCHESI, HEINZ;
MÜLLER, KASPAR; WALDNER, MICHAEL; ZSENEI, ANDRÀS (2007): Planen, gründen, wachsen. 4. aktualisierte Auflage. Heidelberg: Redline, 2007

DAHRENDORF, RALF (2006): Homo Sociologicus. 16. Auflage. Wiesbaden: VS Verlag, 2006

DAVIS, SUSAN (2002): Social entrepreneurship: Towards an entrepreneurial culture for social and
economic development. Version: Juli 2002. http://www.ashoka.org/files/yespaper.pdf, Abruf:
14.11.2007. Bericht für den Youth Employment Summit 2002

DEES, J. G. (1998): The Meaning of Social Entrepreneurship. Version: 1998.
http://www.caseatduke.org/documents/dees_SE.pdf, Abruf: 20.12.2007. Auf Wunsch der
Kauffman Foundation frei verbreitet

DEES, J. G. (2007): Taking Social Entrepreneurship Seriously. In: Society 44 (2007), März/April,
Nr. 3, S. 24-31

DER INTERNATIONALE GENOSSENSCHAFTSBUND (1996): Stellungnahme zur genos-
senschaftlichen Identität. Version: 1996. http://www.ica.coop/coop/principles/
coopidentitylanguages.pdf, Abruf: 07.03.2008. Im Internet frei verfügbar

DEUTSCHER BUNDESTAG (Hrsg.) (2002): Globalisierung der Weltwirtschaft: Schlussbericht der
Enquete Kommission. Wiesbaden: VS Verlag, 2002

DRUCKER, PETER F. (1986): Innovation and Entrepreneurship. New York: HarperBusiness, 1986

EAGLESHAM, JEAN (2008): Boost for social enterprise groups. In: Financial Times (2008), 28.
Februar

EFTA (2006): Annual Report 2006. Version: 2006. http://www.european-fair-trade-association.org/
Efta/Doc/report2006.pdf, Abruf: 14.03.2008. Im Internet frei verfügbar

ELSÄSSER, MARKUS (1984): Soziale Intentionen und Reformen des Robert Owens in der Früh-
zeit der Industrialisierung. Berlin: Duncker & Humblot, 1984

EMERSON, JED; BONINI, SHEILA; BREHM, KIM (2003): The Blended Value Map. Version: Oktober
2003. http://www.blendedvalue.org/media/pdf-bv-map.pdf, Abruf: 03.03.2008. Report im
Internet frei verfügbar

EMERSON, JED; FREUNDLICH, TIM; FRUCHTERMAN, JIM (2007): Nothing Ventured, Nothing Gained. Version: März 2007. http://www.sbs.ox.ac.uk/skoll/ research/Short+papers/ Nothing+Ventured+Nothing+Gained.htm, Abruf: 19.12.2007. Working Paper

ENQUETE-KOMMISSION SCHUTZ DES MENSCHEN UND DER UMWELT (1998): Konzept Nachhaltigkeit: vom Leitbild zur Umsetzung / Deutscher Bundestag. 1998 (13/11200). Abschlussbericht

EUROPÄISCHE KOMMISSION (2001): Grünbuch: Europäische Rahmenbedingungen für die soziale Verantwortung der Unternehmen. Version: 2001. http://eur-lex.europa.eu/ LexUriServ/LexUriServ.do? uri=COM:2001:0366:FIN:DE:PDF, Abruf: 03.03.2008

FALK, ARMIN (2003): Homo Oeconomicus Versus Homo Reciprocans: Ansätze für ein Neues Wirtschaftspolitisches Leitbild? In: Perspektiven der Wirtschaftspolitik 4 (2003), Nr. 1, S. 141-172

FALTIN, GÜNTER (1998): Entrepreneurship: Wie aus Ideen Unternehmen werden. München: C.H. Beck, 1998, S. 3-20

FALTIN, GÜNTER (2001): Creating a Culture of Innovative Entrepreneurship. In: Journal of International Business and Economy 2 (2001), Nr. 1, S. 123-140

FARIN, TIM (2008): Fairer Händler. In: Handelsblatt Perspektiven (2008), 28. Februar, Nr. 43, S. 11-13

FERRAZZI, KEITH (2008): A Little Help From Your Friends. In: Advocate (2008), März, Nr. 1004, S. 23

FINN, BRIDGET (2005): Helping Nonprofits Find Hidden Gold. In: Business 2.0 6 (2005), Dezember, Nr. 11, S. 40

FISCHER, GABRIELLE; LOTTER, WOLF (2006): Ehrlichkeit ist auch eine Strategie: Interview mit Simonetta Carbonaro und Christian Votava. In: brand eins 8 (2006), Nr. 4, S. 82-87

FISCHER, LORENZ; WISWEDE, GÜNTER (2002): Grundlagen der Sozialpsychologie. 2. Auflage. München: Oldenbourg, 2002

FLANNERY, MATT (2008): Escheat me. Version: März 2008. http://www. socialedge.org/-blogs/kiva-chronicles/archive/2008/03/01/escheat-me, Abruf: 20.03.2008. Blogeintrag im Internet frei verfügbar

FOWLER, ALAN (2000): NGDOS as a moment in history: beyond aid to social entrepreneurship or civic innovation? In: Third World Quarterly, 21 (2000), Nr. 4, S. 637-654

FRIEDMAN, MILTON (1970): The Social Responsibility Of Business Is to Increase Its Profits. In: The New York Times Magazine 74 (1970), September 13, S. SM17

GARMER, MICHAEL (2003): Moral macht erfolgreich: Ethische Unternehmensführung als Antwort auf die Krise. Berlin: Beuth, 2003

GENKIN, BORIS M. (2004): Bedürfnistheorie des Menschen als Grundlage der Motivation der Arbeitsproduktivität. In: Wissenschaftliche Beiträge. Berlin: News & Media, 2004

GÜTH, WERNER; SCHMITTBERGER, ROLF; SCHWARZE, BERND (1982): An Experimental Analysis of Ultimatum Bargaining. In: Journal of Economic Behavior and Organization 3 (1982), Nr. 4, S. 367-388

HAAS, SIBYLLE (2007): Engel ohne Flügel. In: Süddeutsche Zeitung (2007), 22. Dezember, S. 22

HANDY, FEMIDA (1997): Coexistence of Non-Profit, For-Profit and Public Sector Institutions. In: Annals of Public Cooperative Economics 68 (1997), Nr. 2, S. 201-223

HANSMANN, HENRY (1996): The Ownership of Enterprises. Cambridge: Harvard University Press, 1996

HARBRECHT, ARMIN; NEIDERMEYER, PRESHA E.; TUTEN, TRACY L. (2006): Changes In Higher Education: How To Address The Learning Needs Of The Latino Population. In: Journal of College Teaching and Learning 3 (2006), Oktober, Nr. 10, S. 63-69

HARDING, REBECCA (2006): Entrepreneurs: the world's lifeline? In: Business Strategy Review 17 (2006), Nr. 4, S. 4-7

HARFORD, TIM (2006): The Undercover Economist. London: Little, Brown, 2006

HARTIGAN, PAMELA; BILLIMORIA, JEROO (2005): Social entrepreneurship an overview. In: Alliance 10 (2005), März, Nr. 1, S. 18-21

HECKHAUSEN, JUTTA; HECKHAUSEN, HEINZ (2006): Motivation und Handeln. 3. überarbeitete und aktualisierte Auflage. Heidelberg: Springer, 2006

HEINECKE, ANDREAS (2006): Unternehmer mit sozialem Auftrag. Version: Juli 2006. http://www.socialentrepreneurs.de/txt/Andreas%20Heinecke_ Unternehmer%20mit%20sozialem%20 Auftrag_AB.pdf, Abruf: 13.03.2008. Interview im Internet frei verfügbar

HEINECKE, ANDREAS (2007): Dialogue in the Dark – Exhibitions as Social Projects. Handout zum Vortrag beim Business Masters 2007, November 2007

HIBBERT, SALLY A.; HOGG, GILLIAN; QUINN, THERESA (2005) : Social Entrepreneurship: Understanding consumer motives for buying The Big Issue. In: Journal of Consumer Behaviour 4 (2005), Nr. 3, S. 159-172

HOFSTEDE, GEERT (1980): Culture's consequences. Beverly Hills: Sage, 1980

HOPKINS, BRUCE R. (2004): Starting and Managing a Nonprofit Organization: A Legal Guide. 4. Hoboken: John Wiley & Sons, 2004

HULM, PETER (2006): Fair Trade. In: International Trade Forum (2006), Nr. 2, S. 15-19

JOHNSON, SHERRILL (2000): Literature Review on Social Entrepreneurship. Version: November 2000. http://www.business.ualberta.ca/ccse/publications/publications/Lit.%20Review%20SE %20November%202000.rtf, Abruf: 24.02.2008. Working Paper

KIRCHGÄSSNER, GEBHARD (2000): Homo oeconomicus. Tübingen: Mohr Siebeck, 2000

KOCH, HANNES (2007): Soziale Kapitalisten. Berlin: Rotbuch Verlag, 2007

KORNDÖRFER, WOLFGANG (2003): Allgemeine Betriebswirtschaftslehre: Aufbau, Ablauf, Führung, Leitung. Wiesbaden: Gabler, 2003

KRUEGER, NORRIS; SCHULTE, WILLIAM; STAMP, JEFFREY; KICKUL, JILL (2007): Beyond Intent: Precipitating Events for Social Entrepreneurial Intentions and ... Action. Version: 2007 – Im Begutachtungsprozess

LEADBEATER, CHARLES (1997): The Rise of the Social Entrepreneur. London: Demos, 1997

LOER, THOMAS (2006): Zum Unternehmerhabitus. Karlsruhe: Universitätsverlag Karlsruhe, 2006

MAIBAUER, NATHALIE (2006): Educational Entrepreneurship: Schule als pädagogisch-unternehmerische Aufgabe unter Berücksichtigung des Charter School Modells. Karlsruhe: Universitätsverlag Karlsruhe, 2006

MARTIGNONI, JENS (2004): Migros – Die Duttweiler und der ethische Individualismus. Version: April 2004. http://www.dreigliederung.de/essays/2004-04-007.html, Abruf: 10.03.2008. Essay im Internet frei verfügbar

MARTIN, MAXIMILIAN (2004): Surveying Social Entrepreneurship. St. Gallen: Arbeitspapiere des Zentrums für Führung in Gesellschaft und Öffentlichkeit, 2004

MASLOW, ABRAHAM H. (1977): Motivation und Persönlichkeit. Olten: Walter-Verlag, 1977

MIGROS (2007): Migros Magazin. Version: Juni 2007. http://www.migrosmagazin.ch/pdf/index.cfm?ausgabe=200725&seite=47, Abruf: 11.03.2008. Im Internet frei verfügbar

NICHOLLS, ALEX (2006): Social Entrepreneurship: New Models of Sustainable Social Change. Oxford : Oxford University Press, 2006, S. 99-118

OBERMEIER, BIRGIT (2008a): Autoteilen auf soziale Art. Version: März 2008. http://www.faz.net/s/RubF43C315CBC87496AB9894372D014B9BD/Doc~EEA9FE1F6DE1A421B9D4DD8346FA16A42~ATpl~Ecommon~Scontent.html, Abruf: 31.03.2008. Artikel auf FAZ.net

OBERMEIER, BIRGIT (2008b): Die ökokorrekte Strategin. Version: März 2008. http://www.faz.net/s/RubF43C315CBC87496AB9894372D014B9BD/Doc~E63D18A1A750D4844AAA6A76F6963DBCC~ATpl~Ecommon~Scontent.html , Abruf: 31.03.2008. Artikel auf FAZ.net

O'BRIEN, JEFFREY M. (2008): The only nonprofit that matters. Version: Februar 2008. http://money.cnn.com/magazines/fortune/fortune_archive/2008/ 03/03/103796533/index.htm?postversion=2008022611, Abruf: 13.03.2008. Artikel auf CNNMoney.com

OTT, NOTBURGER (2006): Soziale Sicherung in Marktgesellschaften. Marburg: Metropolis, 2006, S. 71-95

OVERATH, DIETER (2001): Nachhaltiger Konsum: Forschung und Praxis im Dialog. Frankfurt am Main: Campus, 2001, S. 227-232

OWEN, ROBERT (1927): A new view of society and other writings. London: J. M. Dent & Sons, 1927

PFEIL, MARCUS (2007): Was ist eigentlich ... DAS MoMiG? In: brand eins 9 (2007), S. 138-139

PORTER, MICHAEL E. (1980): Competitive strategy. New York: Free Press, 1980

PORTER, MICHAEL E.; KRAMER, MARK R. (2002): The competitive advantage of corporate philanthropy. In: Harvard Business Review 80 (2002), Nr. 12, S. 56-68

PRAHALAD, COIMBATORE K. (2006): Der Reichtum der Dritten Welt. Finanz-Buch, 2006

PRESSE, ANDRÉ; WERNER, GÖTZ W. (2007): Can Fiscal Policy support Social Entrepreneurship? In: 11. Interdisziplinäre Jahreskonferenz zur Gründungsforschung. Aachen, 2007

PRILLER, ECKHARDT (2007): Spenden in Nonprofit-Organisationen: Markt oder Gestaltungselement der Zivilgesellschaft? In: Helmig, Bernd (Hrsg.); Purtschert, Robert (Hrsg.); Schauer, Reinbert (Hrsg.); Witt, Dieter (Hrsg.): Nonprofit-Organisationen und Märkte. Wiesbaden: DUV Gabler Edition Wissenschaft, 2007

PRÄSIDIEN VON CDU UND CSU (2003): Für Wachstum – Sozial ist, was Arbeit schafft. Version: Mai 2003. http://www.cdu.de/doc/pdfc/beschluss_ strukturreformen.pdf, Abruf: 20.03.2008. Beschluss im Internet frei verfügbar

RAUCH, JONATHAN (2007): This Is Not Charity. In: Atlantic Monthly 300 (2007), Oktober, Nr. 3, S. 64-76

RICHTER, HEINRICH (1965): Friedrich Wilhelm Raiffeisen und die Entwicklung seiner Genossenschaftsidee, Friedrich-Alexander Universität Erlangen-Nürnberg, Dissertation, 1965

ROHRHIRSCH, FERDINAND (2005): Unternimm dich selbst: Zur Bedeutung sinnorientierter Selbstführung des Unternehmers. Karlsruhe: Universitätsverlag Karlsruhe, 2005

ROHRHIRSCH, FERDINAND; HÄUßNER, LUDWIG P. (2007): Unternimm mit anderen. Karlsruhe: Universitätsverlag Karlsruhe, 2007

SCHLICHT, EKKEHART (2003): Experimentelle Ökonomik. Marburg: Metropolis, 2003

SCHUMPETER, JOSEPH A. (1950): Kapitalismus, Sozialismus und Demokratie. 2. erweiterte Auflage. München: Lehnen, 1950

SCHUMPETER, JOSEPH A. (1965): Geschichte der Ökonomischen Analyse. Göttingen: Vandenhoeck & Ruprecht, 1965

SCHUMPETER, JOSEPH A. (2006); OLAF STILLER, JOCHEN RÖPKE (Hrsg.): Theorie der wirtschaftlichen Entwicklung. Nachdruck der 1. Auflage von 1912. Berlin: Duncker und Humblot, 2006

SCHWAB FOUNDATION (2008): Outstanding Social Entrepreneurs 2008. Version: 2008. http://www.schwabfound.org/docs/web/Brochure_Schwab_ Foundation_2008.pdf, Abruf: 11.03.2008. Broschüre

SCHWETJE, GERALD; VASEGHI, SAM (2004): Der Businessplan. Berlin: Springer, 2004

SEELMANN-EGGEBERT, ERICH L. (1928): Friedrich Wilhelm Raiffeisen. Sein Lebensgang und sein genossenschaftliches Werk. Stuttgart, 1928

SEELOS, CHRISTIAN; MAIR, JOHANNA (2006): Social Entrepreneurship – The Contribution of Individual Entrepreneurs to Sustainable Development. In: The ICFAI Journal for Entrepreneurship Development 3 (2006), März, S. 30-46

SEWA (2005): Annual Report 05. Ahmedabad, 2005

SHANEA, SCOTT; LOCKEA, EDWIN A.; COLLINS, CHRISTOPHER J. (2003): Entrepreneurial motivation. In: Human Resource Management Review 13 (2003), Nr. 2, S. 257-279

SMITH, CRAIG (1994): The New Corporate Philanthropy. In: Harvard Business Review 72 (1994), Mai-Juni, Nr. 3, S. 105-116

STEHR, NICO (2007): Die Moralisierung der Märkte. Frankfurt am Main: Suhrkamp, 2007

STEINER, RUDOLF; KUGLER, WALTER (Hrsg.); RÖSCH, ULRICH (Hrsg.) (2006): Barometer des Fortschritts: Gesetze des sozialen Lebens. Dornach: Rudolf Steiner Verlag, 2006

STRAUCH, MARKUS (2005): Entwicklungshilfe für Deutschland. Version: März 2005. http://www.socialentrepreneurs.de/txt/11.03._dokumentation_ web.pdf, Abruf: 20.01.2008. Symposiums Dokumentation

STREIM, HANNES (2002): Non-Profit Unternehmen. In: Handelsblatt Wirtschaftslexikon. 4. Auflage. Stuttgart: Schäffer-Poeschel, 2002

STROTHOTTE, THOMAS; WÜSTENHAGEN, ROLF (2005): Structure of Sustainable Economic Value in Social Entrepreneurial Enterprises. In: Entrepreneurship and Innovation in a United Europe University of Amsterdam, 2005. – Proceedings of the 2005 Interdisciplinary European Conference on Entrepreneurship Research (IECER)

SZIPERSKY, NORBERT; RENTROP, NORMAN (2004): Social Entrepreneurs – wer unternimmt für die Gesellschaft? Version: Juli 2004. http://www.sylter-runde.de/mediapool/6/63715/data/041018_Memorandum_Socia-Entrepreneurship.pdf, Abruf: 05.02.2008. Memorandum der Sylter Runde

TAN, WEE-LIANG; WILLIAMS, JOHN; TAN, TECK-MENG (2003): What is the Social in Social Entrepreneurship? In: 48 th World International Conference for Small Business. Belfast, 2003

THALER, RICHARD H. (1988): Anomalies: The Ultimatum Game. In: The Journal of Economic Perspectives 2 (1988), Nr. 4, S. 195-206

THEOBALD, ROBERT (1987): Rapids of Change: Social Entrepreneurship in Turbulent Times. Knowledge Systems, 1987

THOMMEN, JEAN-PAUL (1991): Managementorientierte Betriebswirtschaftslehre. 3. überarbeitete und erweiterte Auflage. Bern: Haupt, 1991

TUCKMAN, HOWARD P. (1984): Social Efficiency and the Provision of Collective Services. In: American Journal of Economics & Sociology 43 (1984), Nr. 3, S. 257-268

UNESCO (1993): The Migros alternative. In: UNESCO Courier 46 (1993), September, Nr. 9, S. 30

VEHRKAMP, ROBERT B. (Hrsg.); EMPTER, STEFAN (Hrsg.) (2006): Wirtschaftsstandort Deutschland. Wiesbaden: VS Verlag, 2006

VOGEL, DIETHER (1990): Selbstbestimmung und soziale Gerechtigkeit. Schaffhausen: Novalis Verlag, 1990

WADDOCK, SANDRA A.; POST, JAMES E. (1995): Catalytic Alliances for Social Problem Solving. In: Human Relations 48 (1995), Nr. 8, S. 951-973

WALKER, ROB (2008): Extra Helping. In: The New York Times Magazine 112 (2008), 27. Januar

WERNER, GÖTZ W. (2004a): Initiativformen unternehmerischen Handelns und prozessuale Unternehmensführung. Version: Mai 2004. http://www.iep.uni-karlsruhe.de/download/ SS04_V4-5-7_12.05.2004-19.05.2004-09.06.2004.pdf, Abruf: 01.03.2008. Skript zur Vorlesung Entrepreneurship an der Universität Karlsruhe (TH)

WERNER, GÖTZ W. (2004b): Wirtschaft – das Füreinander-Leisten. Karlsruhe: Universitätsverlag Karlsruhe, 2004

WERNER, GÖTZ W. (2005a): Die drei Unternehmerrollen. Version: Januar 2005. http://www. iep.uni-karlsruhe.de/download/WS0405_V07_12012005_ V08_19012005_S.pdf, Abruf: 27.01.2008. Skript zur Vorlesung Entrepreneurship an der Universität Karlsruhe (TH)

WERNER, GÖTZ. W. (2005b): Die sieben Lebensprozesse des Unternehmens. Version: Mai 2005. http://www.iep.uni-karlsruhe.de/download/SS05_V05-06-07_250505-010605-080605.pdf, Abruf: 01.03.2008. Skript zur Vorlesung Entrepreneurship an der Universität Karlsruhe (TH)

WERNER, GÖTZ W. (2005c): Die zwölf Ämter in der Unternehmensführung. Version: Juli 2005. http://www.iep.uni-karlsruhe.de/download/SS05_V12_ 060705.pdf, Abruf: 01.03.2008. Skript zur Vorlesung Entrepreneurship an der Universität Karlsruhe (TH)

WEX, THOMAS; WITT, DIETER (Hrsg.) (2002): Der Nonprofit-Sektor der Organisationsgesell- schaft. Wiesbaden: DUV Gabler Edition Wissenschaft, 2002

WINS, THOMAS L. (2004): Der Unternehmer. Berlin: Springer, 2004

WÜRTH, REINHOLD (1999): Entrepreneurship – Mut zur Verantwortung. Künzelsau: Verlag Paul Swiridoff, 1999

YUNUS, MUHAMMAD (1999): Banker to the Poor. New York: PublicAffairs, 1999

YUNUS, MUHAMMAD (2006a): Nobel Lecture. Rede zur Verleihung des Nobelpreises. http://nobelprize.org/nobel_prizes/peace/laureates/2006/ yunus-lecture-en.html. Version: Dezember 2006

YUNUS, MUHAMMAD (2006b): Social Business Entrepreneurs are the Solution. In: Grameen Bank 20 (2006), November

ZERCHE, JÜRGEN; SCHMALE, INGRID; BLOME-DREES, JOHANNES (1998): Einführung in die Genossenschaftslehre. München: Oldenbourg, 1998

Der Autor

Armin Harbrecht

- 1983 in Nürnberg geboren.
- 2002 – 2008 Dipl.-Wi.-Ing. Universität Karlsruhe (TH).
- 2003 – 2007 Engagement bei der studentischen Unternehmensberatung delta e.V., u.a. als Vorstand und Projektleiter.
- 2003 – 2009 Gründung der HOLZundEISEN GbR – Deutschlands erste Marke für den Funsport Crossgolf.
- 2006 – 2007 MBA, Union Graduate College of Union University, Schenectday, NY / USA.
- Seit 2009 Gründung der gloveler GmbH, Buchungsplattform für Privatunterkünfte.

Kontakt:
harbrecht@gmail.com

„Business money is limitless."

Muhammad Yunus, Banker to the World's Poorest Citizens, Makes His Case, Knowledge@Wharton, 09. März 2005